SYSTEM DIARY

MENTORING
Standard

KB195070

MENTORING (standard)
HOW TO USE

속지를 "쉽게" 교체할 수 있는 스마트한
시스템 다이어리

* **내 마음대로 내지 순서 교체 가능!**
  시스템(O링)다이어리로 속지의 순서를 나에게 맞게 교체할 수 있어요!

* **친환경 / 무독성 고급 원단 사용, 부착력이 좋은 자석 베루!**
  친환경 / 무독성 원단 표지에 자석 베루로 안전하고 깔끔하게 사용할 수 있어요!

* **속지세트 별도 구입 가능!**
  속지세트만 구입하여 교체하면, 올해 표지는 다음 해에도 다시 쓸 수 있어요!

* **안쪽 포켓의 다양한 활용!**
  표지 안쪽에 있는 앞, 뒤 포켓에 스마트폰, 지폐, 상품권, 신용카드, 서류 등을
  간편하게 휴대, 보관할 수 있어요!

* **넉넉한 프리노트 구성!** `프리노트256 별도 구입 가능`
  프리노트(설교/기도/QT/전도/감사노트 등 다양하게 필기)가 부족하면 1년 내내
  별도 구입하여 원하는 곳에 끼워서 넉넉히 사용할 수 있어요!

* **My Bucket List :** Things to do before I die!
  올해 마이 버킷 리스트 페이지를 잘 기록하여 그대로
  내년도 **멘토링다이어리**에 옮겨주세요!

임명장

너는 진리의 말씀을 옳게 분별하며
부끄러울 것이 없는 일꾼으로 인정된 자로
자신을 하나님 앞에 드리기를 힘쓰라

디모데후서 2:15

위 사람을 하나님의 영광을 위하여

_____ (으)로 임명합니다.

_____ **교회**

담임목사 _____

Contents

MENTORING standard

- My 2025
- 2024 ~ 2026 Calendar
- 2025 Calendar
- 2025 행사 계획표
- Monthly Plan
- 성경전서 개요
- Weekly Plan
- 나의 인생 노트
- Mentoring Series
- 매삼주오 성경읽기표
- 멘토링 기도 노트
- 오이코스 전도 노트
- 목자 노트
- 크리스천 멘토가 꼭 알아야 할 교회 절기 해설
- 크리스천 멘토의 추천도서
- 멘토북 나의 독서 계획표
- Project
- Free Note
- Graph Paper
- Event Calendar

- 프롤로그 : 멘토링
- 01. 멘토링이란?
- 02. 멘토링의 용어 이해
- 03. 멘토링의 기원과 등장
- 04. 멘토링의 발전
- 05. 멘토링의 정의
- 06. 멘토링의 8가지 형태와 기능
- 07. 멘토링의 20가지 핵심 수칙
- 08. 교회에서 멘토링 사역의 종류
- 09. 멘토 교사의 역할
- 10. 소그룹에서의 멘토링
  (목장, 구역, 속회, 사랑방, 셀, 순)
- 11. 멘토는 누구인가?
- 12. 훌륭한 멘토가 되려면?

믿음의 상급

믿음이 없이는 하나님을 기쁘시게 하지 못하나니 하나님께 나아가는 자는 반드시
그가 계신 것과 또한 그가 자기를 찾는 자들에게 상 주시는 이심을 믿어야 할지니라   히브리서 11:6

And without faith it is impossible to please God,
because anyone who comes to him must believe that he exists
and that he rewards those who earnestly seek him.   Hebrews 11:6

MENTORING

MY 2025

 나의 사명선언문

My Mission Statement

영 역	목 표	기도 제목	실천 방법
개 인			
가 정			
교 회			

2024 Calendar

09 SEPTEMBER
```
S  M  T  W  T  F  S
1  2  3  4  5  6  7
8  9  10 11 12 13 14
15 16 17 18 19 20 21
22 23 24 25 26 27 28
29 30
```

10 OCTOBER
```
S  M  T  W  T  F  S
         1  2  3  4  5
6  7  8  9  10 11 12
13 14 15 16 17 18 19
20 21 22 23 24 25 26
27 28 29 30 31
```

11 NOVEMBER
```
S  M  T  W  T  F  S
                  1  2
3  4  5  6  7  8  9
10 11 12 13 14 15 16
17 18 19 20 21 22 23
24 25 26 27 28 29 30
```

12 DECEMBER
```
S  M  T  W  T  F  S
1  2  3  4  5  6  7
8  9  10 11 12 13 14
15 16 17 18 19 20 21
22 23 24 25 26 27 28
29 30 31
```

2026 Calendar

01 JANUARY
```
S  M  T  W  T  F  S
               1  2  3
4  5  6  7  8  9  10
11 12 13 14 15 16 17
18 19 20 21 22 23 24
25 26 27 28 29 30 31
```

02 FEBRUARY
```
S  M  T  W  T  F  S
1  2  3  4  5  6  7
8  9  10 11 12 13 14
15 16 17 18 19 20 21
22 23 24 25 26 27 28
```

03 MARCH
```
S  M  T  W  T  F  S
1  2  3  4  5  6  7
8  9  10 11 12 13 14
15 16 17 18 19 20 21
22 23 24 25 26 27 28
29 30 31
```

04 APRIL
```
S  M  T  W  T  F  S
            1  2  3  4
5  6  7  8  9  10 11
12 13 14 15 16 17 18
19 20 21 22 23 24 25
26 27 28 29 30
```

05 MAY
```
S  M  T  W  T  F  S
                  1  2
3  4  5  6  7  8  9
10 11 12 13 14 15 16
17 18 19 20 21 22 23
24 25 26 27 28 29 30
31
```

06 JUNE
```
S  M  T  W  T  F  S
   1  2  3  4  5  6
7  8  9  10 11 12 13
14 15 16 17 18 19 20
21 22 23 24 25 26 27
28 29 30
```

07 JULY
```
S  M  T  W  T  F  S
         1  2  3  4
5  6  7  8  9  10 11
12 13 14 15 16 17 18
19 20 21 22 23 24 25
26 27 28 29 30 31
```

08 AUGUST
```
S  M  T  W  T  F  S
                     1
2  3  4  5  6  7  8
9  10 11 12 13 14 15
16 17 18 19 20 21 22
23 24 25 26 27 28 29
30 31
```

09 SEPTEMBER
```
S  M  T  W  T  F  S
      1  2  3  4  5
6  7  8  9  10 11 12
13 14 15 16 17 18 19
20 21 22 23 24 25 26
27 28 29 30
```

10 OCTOBER
```
S  M  T  W  T  F  S
            1  2  3
4  5  6  7  8  9  10
11 12 13 14 15 16 17
18 19 20 21 22 23 24
25 26 27 28 29 30 31
```

11 NOVEMBER
```
S  M  T  W  T  F  S
1  2  3  4  5  6  7
8  9  10 11 12 13 14
15 16 17 18 19 20 21
22 23 24 25 26 27 28
29 30
```

12 DECEMBER
```
S  M  T  W  T  F  S
         1  2  3  4  5
6  7  8  9  10 11 12
13 14 15 16 17 18 19
20 21 22 23 24 25 26
27 28 29 30 31
```

2025 Calendar

01 JANUARY

S	M	T	W	T	F	S
			1 신정	2	3	4
5	6	7	8	9	10	11
12	13	14	15	16	17	18
19	20	21	22	23	24	25
26	27	28	29 설날	30	31	

02 FEBRUARY

S	M	T	W	T	F	S
						1
2	3	4	5	6	7	8
9	10	11	12	13	14	15
16	17	18	19	20	21	22
23	24	25	26	27	28	

03 MARCH

S	M	T	W	T	F	S
						1 삼일절
2	3 대체공휴일	4	5	6	7	8
9	10	11	12	13	14	15
16	17	18	19	20	21	22
23	24	25	26	27	28	29
30	31					

04 APRIL

S	M	T	W	T	F	S
		1	2	3	4	5
6	7	8	9	10	11	12
13	14	15	16	17	18	19
20	21	22	23	24	25	26
27	28	29	30			

05 MAY

S	M	T	W	T	F	S
				1	2	3
4	5 어린이날	6 대체공휴일/석가탄신일	7	8	9	10
11	12	13	14	15	16	17
18	19	20	21	22	23	24
25	26	27	28	29	30	31

06 JUNE

S	M	T	W	T	F	S
1	2	3	4	5	6	7 현충일
8	9	10	11	12	13	14
15	16	17	18	19	20	21
22	23	24	25	26	27	28
29	30					

07 JULY

S	M	T	W	T	F	S
		1	2	3	4	5
6	7	8	9	10	11	12
13	14	15 제헌절	16	17	18	19
20	21	22	23	24	25	26
27	28	29	30	31		

08 AUGUST

S	M	T	W	T	F	S
					1	2
3	4	5	6	7	8	9
10	11	12	13	14	15 광복절	16
17	18	19	20	21	22	23
24	25	26	27	28	29	30
31						

09 SEPTEMBER

S	M	T	W	T	F	S
	1	2	3	4	5	6
7	8	9	10	11	12	13
14	15	16	17	18	19	20
21	22	23	24	25	26	27
28	29	30				

10 OCTOBER

S	M	T	W	T	F	S
			1	2	3 개천절	4
5	6 추석	7	8 대체공휴일	9 한글날	10	11
12	13	14	15	16	17	18
19	20	21	22	23	24	25
26	27	28	29	30	31	

11 NOVEMBER

S	M	T	W	T	F	S
						1
2	3	4	5	6	7	8
9	10	11	12	13	14	15
16	17	18	19	20	21	22
23	24	25	26	27	28	29
30						

12 DECEMBER

S	M	T	W	T	F	S
	1	2	3	4	5	6
7	8	9	10	11	12	13
14	15	16	17	18	19	20
21	22	23	24	25 성탄절	26	27
28	29	30	31			

2025 행사 계획표

EVENT YEARLY PLAN

월	일	행 사 명
1	5	신년주일
	12	
	19	
	26	
2	2	
	9	
	16	
	23	
3	2	5일 : 사순절
	9	
	16	
	23	
	30	
4	6	
	13	종려주일　　　　　　　　(고난주간 : 4월 14일 ~ 19일)
	20	부활절
	27	
5	4	
	11	
	18	
	25	29일 : 승천절
6	1	
	8	성령강림절
	15	
	22	
	29	

올해의 성경 말씀	올해의 목표 & 기도 제목

월	일	행 사 명
7	6	맥추감사절
	13	
	20	
	27	
8	3	
	10	
	17	
	24	
	31	
9	7	
	14	
	21	
	28	
10	5	
	12	
	19	
	26	31일 : 종교개혁일
11	2	
	9	
	16	추수감사절
	23	
	30	대강절
12	7	
	14	
	21	25일 : 성탄절
	28	31일 : 송구영신예배

12 December 2024

A prayer of Habakkuk the prophet. On shigionoth.

Habakkuk 3:19

SUN	MON	TUE
1 대강절 11.1	**2**	**3**
8	**9**	**10**
15	**16**	**17**
22	**23**	**24**
29	**30**	**31** 송구영신예배 12.1

| 이달의 목표 | 이달의 우선순위 |

WED	THU	FRI	SAT
4	**5**	**6**	**7**
11 11.11	**12**	**13**	**14**
18	**19**	**20**	**21** 11.21
25 성탄절	**26**	**27**	**28**

11 NOV
S	M	T	W	T	F	S
					1	2
3	4	5	6	7	8	9
10	11	12	13	14	15	16
17	18	19	20	21	22	23
24	25	26	27	28	29	30

2025. 1 JAN
S	M	T	W	T	F	S
			1	2	3	4
5	6	7	8	9	10	11
12	13	14	15	16	17	18
19	20	21	22	23	24	25
26	27	28	29	30	31	

I love you, O LORD, my strength.
Psalms 18:1

SUN	MON	TUE

2024. 12 DEC
S M T W T F S
1 2 3 4 5 6 7
8 9 10 11 12 13 14
15 16 17 18 19 20 21
22 23 24 25 26 27 28
29 30 31

2 FEB
S M T W T F S
                1
2 3 4 5 6 7 8
9 10 11 12 13 14 15
16 17 18 19 20 21 22
23 24 25 26 27 28

5
신년주일

6

7

12

13

14

19

20
12.21

21

26

27

28

| 이달의 목표 | 이달의 우선순위 |

WED	THU	FRI	SAT
1 신정	2	3	4
8	9	**10** 12.11	11
15	16	17	18
22	23	24	25
29 설날 1.1	30	31	

02 February 2025

And I will ask the Father, and he will give you another Counselor to be with you forever—

John 14:16

SUN	MON	TUE

1 JAN
S	M	T	W	T	F	S
			1	2	3	4
5	6	7	8	9	10	11
12	13	14	15	16	17	18
19	20	21	22	23	24	25
26	27	28	29	30	31	

3 MAR
S	M	T	W	T	F	S
						1
2	3	4	5	6	7	8
9	10	11	12	13	14	15
16	17	18	19	20	21	22
23	24	25	26	27	28	29
30	31					

SUN	MON	TUE
2	3	4
9	10	11
16	17	18 1.21
23	24	25

| 이달의 목표 | 이달의 우선순위 |

WED	THU	FRI	SAT
			1
5	6	7	8 1.11
12	13	14	15
19	20	21	22
26	27	28 2.1	

03 2025 *March*

Charm is deceptive, and beauty is fleeting;
but a woman who fears the LORD is to be praised.

Proverbs 31:30

SUN	MON	TUE
2 FEB S M T W T F S 　　　　　　 1 2 3 4 5 6 7 8 9 10 11 12 13 14 15 16 17 18 19 20 21 22 23 24 25 26 27 28　　**4 APR** S M T W T F S 　　 1 2 3 4 5 6 7 8 9 10 11 12 13 14 15 16 17 18 19 20 21 22 23 24 25 26 27 28 29 30		
2	3 대체공휴일	4
9	10 2.11	11
16	17	18
23	24	25
30	31	

| 이달의 목표 | 이달의 우선순위 |

WED	THU	FRI	SAT
			1 삼일절
5 사순절	**6**	**7**	**8**
12	**13**	**14**	**15**
19	**20** 2.21	**21**	**22**
26	**27**	**28**	**29** 3.11

04 2025 April

Some trust in chariots and some in horses,
but we trust in the name of the LORD our God.

Psalms 20:7

SUN	MON	TUE
3 MAR / **5 MAY**		**1**
6	**7**	**8** 3.11
13 종려주일	**14**	**15**
20 부활절	**21**	**22**
27	**28** 4.1	**29**

3 MAR
S	M	T	W	T	F	S
						1
2	3	4	5	6	7	8
9	10	11	12	13	14	15
16	17	18	19	20	21	22
23	24	25	26	27	28	29
30	31					

5 MAY
S	M	T	W	T	F	S
				1	2	3
4	5	6	7	8	9	10
11	12	13	14	15	16	17
18	19	20	21	22	23	24
25	26	27	28	29	30	31

	이달의 목표		이달의 우선순위

WED	THU	FRI	SAT
2	3	4	5
9	10	11	12
16	17	18 3.21	19

← 고난주간 →

WED	THU	FRI	SAT
23	24	25	26
	30		

05 2025 May

It is God's will that you should be sanctified: that you should avoid sexual immorality;

1 Thessalonians 4:3

SUN	MON	TUE

4 APR
S	M	T	W	T	F	S
		1	2	3	4	5
6	7	8	9	10	11	12
13	14	15	16	17	18	19
20	21	22	23	24	25	26
27	28	29	30			

6 JUN
S	M	T	W	T	F	S
1	2	3	4	5	6	7
8	9	10	11	12	13	14
15	16	17	18	19	20	21
22	23	24	25	26	27	28
29	30					

4	**5** 어린이날 석가탄신일	**6** 대체공휴일
11	**12**	**13**
18 4.21	**19**	**20**
25	**26**	**27** 5.1

이달의 목표	이달의 우선순위

WED	THU	FRI	SAT
	1	**2**	**3**
7	**8** 4.11	**9**	**10**
14	**15**	**16**	**17**
21	**22**	**23**	**24**
28	**29** 승천절	**30**	**31**

06 2025 June

My help comes from the LORD, the Maker of heaven and earth.

Psalms 121:2

SUN	MON	TUE
1	**2**	**3**
8 성령강림절	**9**	**10**
15	**16** 5.21	**17**
22	**23**	**24**
29	**30**	

| 이달의 목표 | 이달의 우선순위 |

WED	THU	FRI	SAT
4	**5**	**6** 현충일 5.11	**7**
11	**12**	**13**	**14**
18	**19**	**20**	**21**
25 6.1	**26**	**27**	**28**

5 MAY
S	M	T	W	T	F	S
				1	2	3
4	5	6	7	8	9	10
11	12	13	14	15	16	17
18	19	20	21	22	23	24
25	26	27	28	29	30	31

7 JUL
S	M	T	W	T	F	S
		1	2	3	4	5
6	7	8	9	10	11	12
13	14	15	16	17	18	19
20	21	22	23	24	25	26
27	28	29	30	31		

07 2025 July

> Have I not commanded you? Be strong and courageous.
> Do not be terrified; do not be discouraged,
> for the LORD your God will be with you wherever you go."
>
> **Joshua 1:9**

SUN	MON	TUE
6 JUN S M T W T F S 1 2 3 4 5 6 7 8 9 10 11 12 13 14 15 16 17 18 19 20 21 22 23 24 25 26 27 28 29 30 **8 AUG** S M T W T F S 1 2 3 4 5 6 7 8 9 10 11 12 13 14 15 16 17 18 19 20 21 22 23 24 25 26 27 28 29 30 31		**1**
6 맥추감사절	**7**	**8**
13	**14**	**15** 6.21
20	**21**	**22**
27	**28**	**29**

| 이달의 목표 | 이달의 우선순위 |

WED	THU	FRI	SAT
2	3	4	5 6.11
9	10	11	12
16	17 제헌절	18	19
23	24	25 윤 6.1	26
30	31		

08 *2025* **August**

Do not be anxious about anything,
but in everything, by prayer and petition,
with thanksgiving, present your requests to God.

Philippians 4:6

SUN	MON	TUE
7 JUL / **9** SEP		
3	4 윤 6.11	5
10	11	12
17	18	19
24	25	26
31		

7 JUL
S M T W T F S
　 　 1 2 3 4 5
6 7 8 9 10 11 12
13 14 15 16 17 18 19
20 21 22 23 24 25 26
27 28 29 30 31

9 SEP
S M T W T F S
　 1 2 3 4 5 6
7 8 9 10 11 12 13
14 15 16 17 18 19 20
21 22 23 24 25 26 27
28 29 30

| 이달의 목표 | 이달의 우선순위 |

WED	THU	FRI	SAT
		1	2
6	7	8	9
13	14 윤 6.21	15 광복절	16
20	21	22	23 7.1
27	28	29	30

09 2025 September

For it is by grace you have been saved, through faith-- and this not from yourselves, it is the gift of God--

Ephesians 2:8

8 AUG	10 OCT
S M T W T F S	S M T W T F S
1 2	1 2 3 4
3 4 5 6 7 8 9	5 6 7 8 9 10 11
10 11 12 13 14 15 16	12 13 14 15 16 17 18
17 18 19 20 21 22 23	19 20 21 22 23 24 25
24 25 26 27 28 29 30	26 27 28 29 30 31
31	

SUN	MON	TUE
	1	2 7.11
7	8	9
14	15	16
21	22 8.1	23
28	29	30

이달의 목표		이달의 우선순위

WED	THU	FRI	SAT
3	4	5	6
10	11	12 7.21	13
17	18	19	20
24	25	26	27

10 *2025*
October

the people I formed for myself that they may proclaim my praise.

Isaiah 43:21

	9 SEP					
S	M	T	W	T	F	S
	1	2	3	4	5	6
7	8	9	10	11	12	13
14	15	16	17	18	19	20
21	22	23	24	25	26	27
28	29	30				

	11 NOV					
S	M	T	W	T	F	S
						1
2	3	4	5	6	7	8
9	10	11	12	13	14	15
16	17	18	19	20	21	22
23	24	25	26	27	28	29
30						

SUN	MON	TUE
5	**6** 추석	**7**
12 8.21	**13**	**14**
19	**20**	**21** 9.1
26	**27**	**28**

WED	THU	FRI	SAT
1	2 8.11	3 개천절	4
8 대체공휴일	9 한글날	10	11
15	16	17	18
22	23	24	25
29	30	31 종교개혁일 9.11	

이달의 목표

이달의 우선순위

11 *2025*
November

Better a dry crust with peace
and quiet than a house full of feasting, with strife.

Proverbs 17:1

SUN	MON	TUE

10 OCT
S	M	T	W	T	F	S
			1	2	3	4
5	6	7	8	9	10	11
12	13	14	15	16	17	18
19	20	21	22	23	24	25
26	27	28	29	30	31	

12 DEC
S	M	T	W	T	F	S
	1	2	3	4	5	6
7	8	9	10	11	12	13
14	15	16	17	18	19	20
21	22	23	24	25	26	27
28	29	30	31			

SUN	MON	TUE
	2	**3**	**4**
9	**10** 9.21	**11**
16 추수감사절	**17**	**18**
23	**24**	**25**
30 대강절 10.11		

| 이달의 목표 | 이달의 우선순위 |

WED	THU	FRI	SAT
			1
5	6	7	8
12	13	14	15
19	20 10.1	21	22
26	27	28	29

12 *2025* December

"The LORD has dealt with me according to my righteousness; according to the cleanness of my hands he has rewarded me.

2 Samuel 22:21

SUN	MON	TUE
11 NOV **2026. 1 JAN** S M T W T F S S M T W T F S 1 1 2 3 2 3 4 5 6 7 8 4 5 6 7 8 9 10 9 10 11 12 13 14 15 11 12 13 14 15 16 17 16 17 18 19 20 21 22 18 19 20 21 22 23 24 23 24 25 26 27 28 29 25 26 27 28 29 30 31 30	**1**	**2**
7	**8**	**9**
14	**15**	**16**
21	**22**	**23**
28	**29**	**30** 11.11

| 이달의 목표 | 이달의 우선순위 |

WED	THU	FRI	SAT
3	**4**	**5**	**6**
10 10.21	**11**	**12**	**13**
17	**18**	**19**	**20** 11.1
24	**25** 성탄절	**26**	**27**
31 송구영신예배			

Give thanks to the LORD, for he is good. His love endures forever.

Psalms 136:1

SUN	MON	TUE

2025. 12 DEC
S	M	T	W	T	F	S
	1	2	3	4	5	6
7	8	9	10	11	12	13
14	15	16	17	18	19	20
21	22	23	24	25	26	27
28	29	30	31			

2 FEB
S	M	T	W	T	F	S
1	2	3	4	5	6	7
8	9	10	11	12	13	14
15	16	17	18	19	20	21
22	23	24	25	26	27	28

4 신년주일	5	6
11	12	13
18	19 12.1	20
25	26	27

	이달의 목표		이달의 우선순위

WED	THU	FRI	SAT
	1 신정	**2**	**3**
7	**8**	**9** 11.21	**10**
14	**15**	**16**	**17**
21	**22**	**23**	**24**
28	**29** 12.11	**30**	**31**

Bible Overview

성경전서 개요

약어표 (Abbreviations) 구약: 39권 / 총 929장 / 23,214절 신약: 27권 / 총 260장 / 7,957절

약어	한글	영문약어	영문	장수
창	창 세 기	Ge	Genesis	50장
출	출 애 굽 기	Ex	Exodus	40장
레	레 위 기	Lev	Leviticus	27장
민	민 수 기	Nu	Numbers	36장
신	신 명 기	Dt	Deuteronomy	34장
수	여 호 수 아	Jos	Joshua	24장
삿	사 사 기	Jdg	Judges	21장
룻	룻 기	Ru	Ruth	4장
삼상	사 무 엘 상	1Sa	1 Samuel	31장
삼하	사 무 엘 하	2Sa	2 Samuel	24장
왕상	열 왕 기 상	1Ki	1 Kings	22장
왕하	열 왕 기 하	2Ki	2 Kings	25장
대상	역 대 상	1Ch	1 Chronicles	29장
대하	역 대 하	2Ch	2 Chronicles	36장
스	에 스 라	Ezr	Ezra	10장
느	느 헤 미 야	Ne	Nehemiah	13장
에	에 스 더	Est	Esther	10장
욥	욥 기	Job	Job	42장
시	시 편	Ps	Psalms	150편
잠	잠 언	Pr	Proverbs	31장
전	전 도 서	Ecc	Ecclesiastes	12장
아	아 가	SS	Song of Songs	8장
사	이 사 야	Isa	Isaiah	66장
렘	예 레 미 야	Jer	Jeremiah	52장
애	예레미야애가	La	Lamentations	5장
겔	에 스 겔	Eze	Ezekiel	48장
단	다 니 엘	Da	Daniel	12장
호	호 세 아	Hos	Hosea	14장
욜	요 엘	Joel	Joel	3장
암	아 모 스	Am	Amos	9장
옵	오 바 댜	Ob	Obadiah	1장
욘	요 나	Jnh	Jonah	4장
미	미 가	Mic	Micah	7장
나	나 훔	Na	Nahum	3장
합	하 박 국	Hab	Habakkuk	3장
습	스 바 냐	Zep	Zephaniah	3장
학	학 개	Hag	Haggai	2장
슥	스 가 랴	Zec	Zechariah	14장
말	말 라 기	Mal	Malachi	4장
마	마 태 복 음	Mt	Matthew	28장
막	마 가 복 음	Mk	Mark	16장
눅	누 가 복 음	Lk	Luke	24장
요	요 한 복 음	Jn	John	21장
행	사 도 행 전	Ac	Acts	28장
롬	로 마 서	Ro	Romans	16장
고전	고 린 도 전 서	1Co	1 Corinthians	16장
고후	고 린 도 후 서	2Co	2 Corinthians	13장
갈	갈 라 디 아 서	Gal	Galatians	6장
엡	에 베 소 서	Eph	Ephesians	6장
빌	빌 립 보 서	Php	Philippians	4장
골	골 로 새 서	Col	Colossians	4장
살전	데살로니가전서	1Th	1 Thessalonians	5장
살후	데살로니가후서	2Th	2 Thessalonians	3장
딤전	디 모 데 전 서	1Ti	1 Timothy	6장
딤후	디 모 데 후 서	2Ti	2 Timothy	4장
딛	디 도 서	Tit	Titus	3장
몬	빌 레 몬 서	Phm	Philemon	1장
히	히 브 리 서	Heb	Hebrews	13장
약	야 고 보 서	Jas	James	5장
벧전	베 드 로 전 서	1Pe	1 Peter	5장
벧후	베 드 로 후 서	2Pe	2 Peter	3장
요일	요 한 1 서	1Jn	1 John	5장
요이	요 한 2 서	2Jn	2 John	1장
요삼	요 한 3 서	3Jn	3 John	1장
유	유 다 서	Jude	Jude	1장
계	요 한 계 시 록	Rev	Revelation	22장

Weekly Plan

**MENTORING
standard**

날마다 주께로

주의 말씀은 내 발에 등이요 내 길에 빛이니이다 시편 119:105
Your word is a lamp to my feet and a light for my path. Psalms 119:105

48

◆ 금주의 우선순위 & 기도제목 ◆

2024.12 | DECEMBER

S	M	T	W	T	F	S
1	2	3	4	5	6	7
8	9	10	11	12	13	14
15	16	17	18	19	20	21
22	23	24	25	26	27	28
29	30	31				

SUN
12.1
대강절
11.1

MON
2

TUE
3

WED
4

THU
5

FRI
6

SAT
7

섬김이란 당신의 삶을 타인을 위해 겸손히 헌신하는 것이다.

◆ 금주의 우선순위 & 기도제목 ◆

2024.12 | DECEMBER

S	M	T	W	T	F	S
1	2	3	4	5	6	7
8	9	10	11	12	13	14
15	16	17	18	19	20	21
22	23	24	25	26	27	28
29	30	31				

SUN
12.8
11.8

MON
9

TUE
10

WED
11

THU
12

FRI
13

SAT
14

믿음이란 어떤 상황에서든 감사드리는 것을 말한다.

◆ 금주의 우선순위 & 기도제목 ◆

2024.12 | DECEMBER

S	M	T	W	T	F	S
1	2	3	4	5	6	7
8	9	10	11	12	13	14
15	16	17	18	19	20	21
22	23	24	25	26	27	28
29	30	31				

SUN
12.15
11.15

MON
16

TUE
17

WED
18

THU
19

FRI
20

SAT
21

영혼은 역경의 순간에 성장한다.

◆ 금주의 우선순위 & 기도제목 ◆

2024.12 | DECEMBER

S	M	T	W	T	F	S
1	2	3	4	5	6	7
8	9	10	11	12	13	14
15	16	17	18	19	20	21
22	23	24	25	26	27	28
29	30	31				

SUN
12.22
11.22

MON
23

TUE
24

WED
25 성탄절

THU
26

FRI
27

SAT
28

지극히 높은 곳에서는 하나님께 영광이요 땅에서는 하나님이 기뻐하신 사람들 중에 평화로다(눅 2:14)

◆ 금주의 우선순위 & 기도제목 ◆

2024.12 | DECEMBER

S	M	T	W	T	F	S
1	2	3	4	5	6	7
8	9	10	11	12	13	14
15	16	17	18	19	20	21
22	23	24	25	26	27	28
29	30	31				

SUN
12.29
11.29

MON
30

TUE
31 송구영신예배

WED
2025. 1. 1 신정

THU
2

FRI
3

SAT
4

감사하는 마음으로 올해 일어났던 여러 사건들을 돌이켜보며, 하나님께서 주신 복을 세어 보자!

01

◆ 금주의 우선순위 & 기도제목 ◆

1 | JANUARY

S	M	T	W	T	F	S
			1	2	3	4
5	6	7	8	9	10	11
12	13	14	15	16	17	18
19	20	21	22	23	24	25
26	27	28	29	30	31	

SUN
1.5
신년주일
12.6

MON
6

TUE
7

WED
8

THU
9

FRI
10

SAT
11

한해의 출발선에 서서, 마음에서 우러나는 첫 발걸음을 내딛어 보자!

02

◆ 금주의 우선순위 & 기도제목 ◆

1 | JANUARY

S	M	T	W	T	F	S
			1	2	3	4
5	6	7	8	9	10	11
12	13	14	15	16	17	18
19	20	21	22	23	24	25
26	27	28	29	30	31	

SUN
1.12
12.13

MON
13

TUE
14

WED
15

THU
16

FRI
17

SAT
18

···사람마다 듣기는 속히 하고 말하기는 더디 하며 성내기도 더디 하라(약 1:19)

03

◆ 금주의 우선순위 & 기도제목 ◆

1 | JANUARY

S	M	T	W	T	F	S
			1	2	3	4
5	6	7	8	9	10	11
12	13	14	15	16	17	18
19	20	21	22	23	24	25
26	27	28	29	30	31	

SUN
1.19
12.20

MON
20

TUE
21

WED
22

THU
23

FRI
24

SAT
25

무슨 일을 하든지, 하나님을 위하여 최선을!

04

◆ 금주의 우선순위 & 기도제목 ◆

1 | JANUARY
S	M	T	W	T	F	S
			1	2	3	4
5	6	7	8	9	10	11
12	13	14	15	16	17	18
19	20	21	22	23	24	25
26	27	28	29	30	31	

SUN
1.**26**
12.27

MON
27

TUE
28

WED
29 설날

THU
30

FRI
31

SAT
2.**1**

분노는 변변찮은 것을 극대화시키고, 온유함은 위대함을 완성한다.

05

◆ 금주의 우선순위 & 기도제목 ◆

2 | FEBRUARY

S	M	T	W	T	F	S
						1
2	3	4	5	6	7	8
9	10	11	12	13	14	15
16	17	18	19	20	21	22
23	24	25	26	27	28	

SUN
2.2
1.5

MON
3

TUE
4

WED
5

THU
6

FRI
7

SAT
8

그런즉 거짓을 버리고 각각 그 이웃과 더불어 참된 것을 말하라 이는 우리가 서로 지체가 됨이라(엡 4:25)

06

◆ 금주의 우선순위 & 기도제목 ◆

2 | FEBRUARY

S	M	T	W	T	F	S
						1
2	3	4	5	6	7	8
9	10	11	12	13	14	15
16	17	18	19	20	21	22
23	24	25	26	27	28	

SUN
2.9
1.12

MON
10

TUE
11

WED
12

THU
13

FRI
14

SAT
15

열정은 새 믿음을 이끌어내고, 게으름은 무관심으로 이어진다.

07

◆ 금주의 우선순위 & 기도제목 ◆

2 | FEBRUARY

S	M	T	W	T	F	S
						1
2	3	4	5	6	7	8
9	10	11	12	13	14	15
16	17	18	19	20	21	22
23	24	25	26	27	28	

SUN
2.16
1.19

MON
17

TUE
18

WED
19

THU
20

FRI
21

SAT
22

온유한 사람은 하나님의 의(義)를 깊이 믿는다.

08

◆ 금주의 우선순위 & 기도제목 ◆

2 | FEBRUARY
S	M	T	W	T	F	S
						1
2	3	4	5	6	7	8
9	10	11	12	13	14	15
16	17	18	19	20	21	22
23	24	25	26	27	28	

SUN
2.**23**
1.26

MON
24

TUE
25

WED
26

THU
27

FRI
28

SAT
3.1 삼일절

예수님께서는 묶인 자들을 자유롭게 하실 수 있다.

09

◆ 금주의 우선순위 & 기도제목 ◆

31 MARCH
S	M	T	W	T	F	S
						1
2	3	4	5	6	7	8
9	10	11	12	13	14	15
16	17	18	19	20	21	22
23	24	25	26	27	28	29
30	31					

SUN
3.2
2.3

MON
3 대체공휴일

TUE
4

WED
5 사순절

THU
6

FRI
7

SAT
8

믿음과 순종은 동전의 양면과 같은 것이며 기쁨의 확신이기도 하다.

10

◆ 금주의 우선순위 & 기도제목 ◆

3 | MARCH

S	M	T	W	T	F	S
						1
2	3	4	5	6	7	8
9	10	11	12	13	14	15
16	17	18	19	20	21	22
23	24	25	26	27	28	29
30	31					

SUN
3.9
2.10

MON
10

TUE
11

WED
12

THU
13

FRI
14

SAT
15

혼자 있음으로 느끼는 기쁨은 나 자신을 발견할 수 있다는 사실에 있다.

11

◆ 금주의 우선순위 & 기도제목 ◆

3 | MARCH
S	M	T	W	T	F	S
						1
2	3	4	5	6	7	8
9	10	11	12	13	14	15
16	17	18	19	20	21	22
23	24	25	26	27	28	29
30	31					

SUN
3.16
2.17

MON
17

TUE
18

WED
19

THU
20

FRI
21

SAT
22

하나님의 은혜가 마음껏 흐르도록 하기 위해서는, 관을 시원하게 뚫어두도록.

◆ 금주의 우선순위 & 기도제목 ◆

3 | MARCH

S	M	T	W	T	F	S
						1
2	3	4	5	6	7	8
9	10	11	12	13	14	15
16	17	18	19	20	21	22
23	24	25	26	27	28	29
30	31					

SUN
3.**23**
2.24

MON
24

TUE
25

WED
26

THU
27

FRI
28

SAT
29

닥치는 고난을 스스로 마주해야 할 때, 그분이 당신과 함께 계시다는 사실을 굳게 믿고 있는가?

13

◆ 금주의 우선순위 & 기도제목 ◆

3 | MARCH

S	M	T	W	T	F	S
						1
2	3	4	5	6	7	8
9	10	11	12	13	14	15
16	17	18	19	20	21	22
23	24	25	26	27	28	29
30	31					

SUN
3.30
3.2

MON
31

TUE
4.1

WED
2

THU
3

FRI
4

SAT
5

깨어나 용기를 가지고 새 날을 맞자.

14

◆ 금주의 우선순위 & 기도제목 ◆

4 | APRIL

S	M	T	W	T	F	S
		1	2	3	4	5
6	7	8	9	10	11	12
13	14	15	16	17	18	19
20	21	22	23	24	25	26
27	28	29	30			

SUN
4.6
3.9

MON
7

TUE
8

WED
9

THU
10

FRI
11

SAT
12

혼자 있는 다는 것의 아름다움을 개발해 보자. 자연스런 기쁨을 느낄 수 있으리라.

15

♦ 금주의 우선순위 & 기도제목 ♦

4 | APRIL

S	M	T	W	T	F	S
		1	2	3	4	5
6	7	8	9	10	11	12
13	14	15	16	17	18	19
20	21	22	23	24	25	26
27	28	29	30			

SUN
고난주간 4.14 ~ 4.19

4.13

종려주일
3.16

MON
14

TUE
15

WED
16

THU
17

FRI
18

SAT
19

주의 법을 사랑하는 자에게는 큰 평안이 있으니 그들에게 장애물이 없으리이다(시 119:165)

16

◆ 금주의 우선순위 & 기도제목 ◆

4 | APRIL
S	M	T	W	T	F	S
		1	2	3	4	5
6	7	8	9	10	11	12
13	14	15	16	17	18	19
20	21	22	23	24	25	26
27	28	29	30			

SUN
4.20
부활절
3.23

MON
21

TUE
22

WED
23

THU
24

FRI
25

SAT
26

하나님의 사랑 앞에서 우리는 완전히 무력해진다. 그 사랑을 소멸할 아무런 방법이 없으므로.

17

◆ 금주의 우선순위 & 기도제목 ◆

4 | APRIL

S	M	T	W	T	F	S
		1	2	3	4	5
6	7	8	9	10	11	12
13	14	15	16	17	18	19
20	21	22	23	24	25	26
27	28	29	30			

SUN
4.27
3.30

MON
28

TUE
29

WED
30

THU
5.1

FRI
2

SAT
3

친구들간에 이해하고 존중하며 받아들이는 것은 영혼을 살찌우는 기쁨이다.

18

◆ 금주의 우선순위 & 기도제목 ◆

5 | MAY
S	M	T	W	T	F	S
				1	2	3
4	5	6	7	8	9	10
11	12	13	14	15	16	17
18	19	20	21	22	23	24
25	26	27	28	29	30	31

SUN
5.4
4.7

MON
5 어린이날 / 석가탄신일

TUE
6 대체공휴일

WED
7

THU
8

FRI
9

SAT
10

오래 참으면 관원도 설득할 수 있나니 부드러운 혀는 뼈를 꺾느니라(잠 25:15)

19

◆ 금주의 우선순위 & 기도제목 ◆

5 | MAY

S	M	T	W	T	F	S
				1	2	3
4	5	6	7	8	9	10
11	12	13	14	15	16	17
18	19	20	21	22	23	24
25	26	27	28	29	30	31

SUN
5.11
4.14

MON
12

TUE
13

WED
14

THU
15

FRI
16

SAT
17

베푸는 습관은 하나님의 풍요로우심과 은혜를 깨닫는 데 도움이 된다.

20

◆ 금주의 우선순위 & 기도제목 ◆

5 | MAY

S	M	T	W	T	F	S
				1	2	3
4	5	6	7	8	9	10
11	12	13	14	15	16	17
18	19	20	21	22	23	24
25	26	27	28	29	30	31

SUN
5.18
4.21

MON
19

TUE
20

WED
21

THU
22

FRI
23

SAT
24

하나님의 나라와 그 의를 구하라, 여러분을 위해서가 아니라, 하나님을 위해서.

21

◆ 금주의 우선순위 & 기도제목 ◆

5 | MAY

S	M	T	W	T	F	S
					1	2	3
4	5	6	7	8	9	10
11	12	13	14	15	16	17
18	19	20	21	22	23	24
25	26	27	28	29	30	31

SUN
5.25
4.28

MON
26

TUE
27

WED
28

THU
29 승천절

FRI
30

SAT
31

주님의 만찬에 참여하기 위한 준비의 일환으로 삶의 방식을 바꾸어 본 적이 있는가?

22

◆ 금주의 우선순위 & 기도제목 ◆

6 | JUNE

S	M	T	W	T	F	S
1	2	3	4	5	6	7
8	9	10	11	12	13	14
15	16	17	18	19	20	21
22	23	24	25	26	27	28
29	30					

SUN
6.1
5.6

MON
2

TUE
3

WED
4

THU
5

FRI
6 현충일

SAT
7

주위 사람들을 향한 친근한 미소, 축복의 말들 – 삶이 더욱 아름답게 느껴지지 않는가?

◆ 금주의 우선순위 & 기도제목 ◆

6 | JUNE

S	M	T	W	T	F	S
1	2	3	4	5	6	7
8	9	10	11	12	13	14
15	16	17	18	19	20	21
22	23	24	25	26	27	28
29	30					

SUN
6.8
성령강림절
5.13

MON
9

TUE
10

WED
11

THU
12

FRI
13

SAT
14

십자가의 철학은 희생과 섬김이다. 계산도 없고 자기 흥미로 치장한 것도 아닌, 완전히 베푸는 행위이다.

◆ 금주의 우선순위 & 기도제목 ◆

6 | JUNE

S	M	T	W	T	F	S
1	2	3	4	5	6	7
8	9	10	11	12	13	14
15	16	17	18	19	20	21
22	23	24	25	26	27	28
29	30					

SUN
6.15
5.20

MON
16

TUE
17

WED
18

THU
19

FRI
20

SAT
21

친구와 성도들과 친척과 사회와 나라를 위해서 기도하면 영혼이 풍성해진다.

◆ 금주의 우선순위 & 기도제목 ◆

6 | JUNE

S	M	T	W	T	F	S
	1	2	3	4	5	6
7	8	9	10	11	12	13
14	15	16	17	18	19	20
21	22	23	24	25	26	27
28	29	30				

SUN
6.22
5.27

MON
23

TUE
24

WED
25

THU
26

FRI
27

SAT
28

부드러운 목소리는 이미 말한 것을 더욱 확실하게 해 주는 힘을 지녔다.

26

◆ 금주의 우선순위 & 기도제목 ◆

6 | JUNE

S	M	T	W	T	F	S
	2	3	4	5	6	7
8	9	10	11	12	13	14
15	16	17	18	19	20	21
22	23	24	25	26	27	28
29	30					

SUN
6.29
6.5

MON
30

TUE
7.1

WED
2

THU
3

FRI
4

SAT
5

꿀을 많이 먹는 것이 좋지 못하고 자기의 영예를 구하는 것이 헛되느니라(잠 25:27)

27

◆ 금주의 우선순위 & 기도제목 ◆

7 | JULY

S	M	T	W	T	F	S
		1	2	3	4	5
6	7	8	9	10	11	12
13	14	15	16	17	18	19
20	21	22	23	24	25	26
27	28	29	30	31		

SUN
7.6
맥추감사절
6.12

MON
7

TUE
8

WED
9

THU
10

FRI
11

SAT
12

◆ 가면과 짐들을 벗어 던지고 사랑하는 사람들과 함께 시간을 보낼 때 오는 것이 바로 내면의 평화이다.

28

◆ 금주의 우선순위 & 기도제목 ◆

7 | JULY

S	M	T	W	T	F	S
		1	2	3	4	5
6	7	8	9	10	11	12
13	14	15	16	17	18	19
20	21	22	23	24	25	26
27	28	29	30	31		

SUN
7.13
6.19

MON
14

TUE
15

WED
16

THU
17 제헌절

FRI
18

SAT
19

나는 마음이 온유하고 겸손하니 나의 멍에를 메고 내게 배우라 그리하면 너희 마음이 쉼을 얻으리니(마 11:29)

◆ 금주의 우선순위 & 기도제목 ◆

7 | JULY

S	M	T	W	T	F	S
		1	2	3	4	5
6	7	8	9	10	11	12
13	14	15	16	17	18	19
20	21	22	23	24	25	26
27	28	29	30	31		

SUN
7.20
6.26

MON
21

TUE
22

WED
23

THU
24

FRI
25

SAT
26

마음을 따뜻하게 하는 말은 신음이나 불평의 소리보다 훨씬 낫다.

30

◆ 금주의 우선순위 & 기도제목 ◆

7 | JULY

S	M	T	W	T	F	S
		1	2	3	4	5
6	7	8	9	10	11	12
13	14	15	16	17	18	19
20	21	22	23	24	25	26
27	28	29	30	31		

SUN
7.27
윤 6.3

MON
28

TUE
29

WED
30

THU
31

FRI
8.1

SAT
2

영혼이 풍요로운 사람은 길고 긴 고난을 겪은 사람이다.

31

◆ 금주의 우선순위 & 기도제목 ◆

8 | AUGUST

S	M	T	W	T	F	S
					1	2
3	4	5	6	7	8	9
10	11	12	13	14	15	16
17	18	19	20	21	22	23
24	25	26	27	28	29	30
31						

SUN
8.3
윤 6.10

MON
4

TUE
5

WED
6

THU
7

FRI
8

SAT
9

인내하면 확실히 실보다는 득이 많다 - 고통에 대한 만병 통치약은 없으니.

◆ 금주의 우선순위 & 기도제목 ◆

8 | AUGUST

S	M	T	W	T	F	S
					1	2
3	4	5	6	7	8	9
10	11	12	13	14	15	16
17	18	19	20	21	22	23
24	25	26	27	28	29	30
31						

SUN
8.10
윤 6.17

MON
11

TUE
12

WED
13

THU
14

FRI
15 광복절

SAT
16

자만심이 강한 사람은 자기 있을 곳을 알지 못한다.

◆ 금주의 우선순위 & 기도제목 ◆

8 | AUGUST

S	M	T	W	T	F	S
					1	2
3	4	5	6	7	8	9
10	11	12	13	14	15	16
17	18	19	20	21	22	23
24	25	26	27	28	29	30
31						

SUN
8.17
윤 6.24

MON
18

TUE
19

WED
20

THU
21

FRI
22

SAT
23

겸손함으로 가는 문은 좁고 또 낮다. 반드시 몸을 굽히고 지나야만 한다.

◆ 금주의 우선순위 & 기도제목 ◆

8 | AUGUST

S	M	T	W	T	F	S
					1	2
3	4	5	6	7	8	9
10	11	12	13	14	15	16
17	18	19	20	21	22	23
24	25	26	27	28	29	30
31						

SUN
8.24
7.2

MON
25

TUE
26

WED
27

THU
28

FRI
29

SAT
30

매 순간마다 귀한 것을 찾는 마음으로 삶의 의미를 찾아보라!

35

♦ 금주의 우선순위 & 기도제목 ♦

8 | AUGUST

S	M	T	W	T	F	S
					1	2
3	4	5	6	7	8	9
10	11	12	13	14	15	16
17	18	19	20	21	22	23
24	25	26	27	28	29	30
31						

SUN
8.31
7.9

MON
9.1

TUE
2

WED
3

THU
4

FRI
5

SAT
6

주의 말씀은 내 발에 등이요 내 길에 빛이니이다(시 119:105)

36

◆ 금주의 우선순위 & 기도제목 ◆

9 | SEPTEMBER

S	M	T	W	T	F	S
	1	2	3	4	5	6
7	8	9	10	11	12	13
14	15	16	17	18	19	20
21	22	23	24	25	26	27
28	29	30				

SUN
9.7
7.16

MON
8

TUE
9

WED
10

THU
11

FRI
12

SAT
13

우리 삶을 경배의 찬송가로 만들어 그것으로 하나님께 영광을 돌리자!

◆ 금주의 우선순위 & 기도제목 ◆

9 | SEPTEMBER

S	M	T	W	T	F	S
	1	2	3	4	5	6
7	8	9	10	11	12	13
14	15	16	17	18	19	20
21	22	23	24	25	26	27
28	29	30				

SUN
9.14
7.23

MON
15

TUE
16

WED
17

THU
18

FRI
19

SAT
20

의심하는 자는 마치 바람에 밀려 요동하는 바다 물결 같으니(약 1:6)

◆ 금주의 우선순위 & 기도제목 ◆

9 | SEPTEMBER

S	M	T	W	T	F	S
	1	2	3	4	5	6
7	8	9	10	11	12	13
14	15	16	17	18	19	20
21	22	23	24	25	26	27
28	29	30				

SUN
9.21
7.30

MON
22

TUE
23

WED
24

THU
25

FRI
26

SAT
27

인류가 정복해야 할 것은 우주가 아니라 인간의 마음이다.

◆ 금주의 우선순위 & 기도제목 ◆

9 | SEPTEMBER

S	M	T	W	T	F	S
	1	2	3	4	5	6
7	8	9	10	11	12	13
14	15	16	17	18	19	20
21	22	23	24	25	26	27
28	29	30				

SUN
9.28
8.7

MON
29

TUE
30

WED
10.1

THU
2

FRI
3 개천절

SAT
4

인생의 보물은 당신의 소유에 달린 것이 아니라 당신과 함께 걸으시는 분이 누구신가에 달린 것이다.

◆ 금주의 우선순위 & 기도제목 ◆

10 | OCTOBER

S	M	T	W	T	F	S
			1	2	3	4
5	6	7	8	9	10	11
12	13	14	15	16	17	18
19	20	21	22	23	24	25
26	27	28	29	30	31	

SUN
10.5
8.14

MON
6 추석

TUE
7

WED
8 대체공휴일

THU
9 한글날

FRI
10

SAT
11

존경심은 조화의 시작이다.

41

◆ 금주의 우선순위 & 기도제목 ◆

10 | OCTOBER

S	M	T	W	T	F	S
			1	2	3	4
5	6	7	8	9	10	11
12	13	14	15	16	17	18
19	20	21	22	23	24	25
26	27	28	29	30	31	

SUN
10.12
8.21

MON
13

TUE
14

WED
15

THU
16

FRI
17

SAT
18

삶의 결정권인 "엔터키" 누를 권한을 하나님께 드리자!

◆ 금주의 우선순위 & 기도제목 ◆

10 | OCTOBER

S	M	T	W	T	F	S
			1	2	3	4
5	6	7	8	9	10	11
12	13	14	15	16	17	18
19	20	21	22	23	24	25
26	27	28	29	30	31	

SUN
10.19
8.28

MON
20

TUE
21

WED
22

THU
23

FRI
24

SAT
25

결과가 좋거나 나쁘거나에 상관없이, 그곳엔 하나님이 주시는 평화가 있다.

◆ 금주의 우선순위 & 기도제목 ◆

10 | OCTOBER

S	M	T	W	T	F	S
			1	2	3	4
5	6	7	8	9	10	11
12	13	14	15	16	17	18
19	20	21	22	23	24	25
26	27	28	29	30	31	

SUN
10.26
9.6

MON
27

TUE
28

WED
29

THU
30

FRI
31 종교개혁일

SAT
11.1

누군가를 환대한다는 것은 자신이 숨 쉬는 공간을 기꺼이 내준다는 뜻이다.

44

◆ 금주의 우선순위 & 기도제목 ◆

11 | NOVEMBER

S	M	T	W	T	F	S
						1
2	3	4	5	6	7	8
9	10	11	12	13	14	15
16	17	18	19	20	21	22
23	24	25	26	27	28	29
30						

SUN
11.2
9.13

MON
3

TUE
4

WED
5

THU
6

FRI
7

SAT
8

해와 달과 별들은 하나님의 신실하심을 나타낸다.

◆ 금주의 우선순위 & 기도제목 ◆

11 | NOVEMBER
S M T W T F S
                    1
2 3 4 5 6 7 8
9 10 11 12 13 14 15
16 17 18 19 20 21 22
23 24 25 26 27 28 29
30

SUN
11.9
9.20

MON
10

TUE
11

WED
12

THU
13

FRI
14

SAT
15

강한 자만이 자신의 약점을 인정하고 마주할 수 있다.

◆ 금주의 우선순위 & 기도제목 ◆

11 | NOVEMBER

S	M	T	W	T	F	S
						1
2	3	4	5	6	7	8
9	10	11	12	13	14	15
16	17	18	19	20	21	22
23	24	25	26	27	28	29
30						

SUN
11.16
추수감사절
9.27

MON
17

TUE
18

WED
19

THU
20

FRI
21

SAT
22

믿음이란 불행의 순간에 노래하는 것이다.

47

◆ 금주의 우선순위 & 기도제목 ◆

11 | NOVEMBER

S	M	T	W	T	F	S
						1
2	3	4	5	6	7	8
9	10	11	12	13	14	15
16	17	18	19	20	21	22
23	24	25	26	27	28	29
30						

SUN
11.23
10.4

MON
24

TUE
25

WED
26

THU
27

FRI
28

SAT
29

용서란, 새 장을 열고 관계를 새롭게 하는 촉매제이다.

◆ 금주의 우선순위 & 기도제목 ◆

11 | NOVEMBER

S	M	T	W	T	F	S
						1
2	3	4	5	6	7	8
9	10	11	12	13	14	15
16	17	18	19	20	21	22
23	24	25	26	27	28	29
30						

SUN
11.30
대강절
10.11

MON
12.1

TUE
2

WED
3

THU
4

FRI
5

SAT
6

혼돈의 시대에 살아남는 법은 부와 권력에 있는 것이 아니라, 고통 가운데 품는 소망에 있다.

◆ 금주의 우선순위 & 기도제목 ◆

12 | DECEMBER

S	M	T	W	T	F	S
	1	2	3	4	5	6
7	8	9	10	11	12	13
14	15	16	17	18	19	20
21	22	23	24	25	26	27
28	29	30	31			

SUN
12.7
10.18

MON
8

TUE
9

WED
10

THU
11

FRI
12

SAT
13

노하기를 더디 하는 것이 사람의 슬기요 허물을 용서하는 것이 자기의 영광이니라(잠 19:11)

◆ 금주의 우선순위 & 기도제목 ◆

12 | DECEMBER

S	M	T	W	T	F	S
	1	2	3	4	5	6
7	8	9	10	11	12	13
14	15	16	17	18	19	20
21	22	23	24	25	26	27
28	29	30	31			

SUN
12.14
10.25

MON
15

TUE
16

WED
17

THU
18

FRI
19

SAT
20

속상할 때 잠잠하라. 진흙탕 물조차도 수정같이 맑아질 수 있다.

◆ 금주의 우선순위 & 기도제목 ◆

12 | DECEMBER

S	M	T	W	T	F	S
	1	2	3	4	5	6
7	8	9	10	11	12	13
14	15	16	17	18	19	20
21	22	23	24	25	26	27
28	29	30	31			

SUN
12.21
11.2

MON
22

TUE
23

WED
24

THU
25 성탄절

FRI
26

SAT
27

지극히 높은 곳에서는 하나님께 영광이요 땅에서는 하나님이 기뻐하신 사람들 중에 평화로다(눅 2:14)

52

♦ 금주의 우선순위 & 기도제목 ♦

12 | DECEMBER

S	M	T	W	T	F	S
	1	2	3	4	5	6
7	8	9	10	11	12	13
14	15	16	17	18	19	20
21	22	23	24	25	26	27
28	29	30	31			

SUN
12.28
11.9

MON
29

TUE
30

WED
31 송구영신예배

THU
2026. 1. 1 신정

FRI
2

SAT
3

감사하는 마음으로 올해 일어났던 여러 사건들을 돌이켜보며, 하나님께서 주신 복을 세어 보자!

01

♦ 금주의 우선순위 & 기도제목 ♦

2026.1 | JANUARY
S	M	T	W	T	F	S
				1	2	3
4	5	6	7	8	9	10
11	12	13	14	15	16	17
18	19	20	21	22	23	24
25	26	27	28	29	30	31

SUN
1.4
신년주일
11.16

MON
5

TUE
6

WED
7

THU
8

FRI
9

SAT
10

한해의 출발선에 서서, 마음에서 우러나는 첫 발걸음을 내딛어 보자!

한해를 마치며 쓰는 나의 인생 노트

Mentoring Series

MENTORING standard

멘토링 시리즈 활용법

멘토링다이어리에 수록된 "멘토링Mentoring 시리즈"를 분리하면 소그룹(목장, 구역, 속회, 사랑방, 셀, 순 등)에서 여러 회에 걸쳐 "멘토링"을 교육하고 훈련할 수 있는 실제적인 양육과 훈련교재가 됩니다.

"멘토링"을 개인과 가정과 소그룹과 교회 공동체까지 확장하여 훈련하고 적용한다면, 하나님께서 주시는 "지혜롭고 능력있는 충만한 믿음의 삶"을 분명히 살 수 있게 될 것입니다.

하나님의 뜻

이와 같이 이 작은 자 중의 하나라도 잃는 것은
하늘에 계신 너희 아버지의 뜻이 아니니라 마태복음 18:14
In the same way your Father in heaven is not willing
that any of these little ones should be lost. Matthew 18:14

프롤로그

MENTORING

우리가 아는 멘토링의 사전적 의미는 지혜와 경험이 풍부한 한 사람^{Mentor}이 다른 한 사람^{Mentee}에게 지도와 조언을 하면서 실력과 잠재력을 개발시켜서 한 사람의 인생을 진실히 세워가는 것이다.

새로운 21세기에 들어와서 우리나라뿐만 아니라 세계적으로도 멘토링에 대한 관심이 지대해 지고 있으며 정치, 경제, 교육, 문화, 예술계까지 우리 사회 전반의 분야에서 멘토^{Mentor}와 멘티^{Mentee}에 대한 이야기들로 가득하게 넘쳐나고 있다.

그래서 조언을 주는 멘토와 조언을 받는 멘티와의 관계는 상호간에 영향을 주고받는 전인격적인 관계가 될 수밖에 없으며, 그 과정은 일시적으로 맺어지는 관계가 아니라 일생동안 꾸준히 노력하며 지속되는 만남의 과정이 되는 것이다.

예수님은 제자들에게 탁월한 모범을 직접 보여주신 멘토이시고, 제자들은 예수님에게서 교훈과 조언을 받은 멘티라고 할 수 있다. 교회의 머리되시는 예수님의 마지막 명령이 "내가 너희에게 분부한 모든 것을 가르쳐 지키게 하라(마 28:20)"는 것도 온 삶으로 보여주신 탁월한 멘토이셨기 때문이다.

교회는 본질적인 멘토링을 실현할 수 있는 가장 최적의 공동체요, 장소가 될 수가 있다. 왜냐하면, 교회는 전인격적인 관계를 가장 중시하시는 하나님의 뜻에 의하여 구현되는 삶의 현장이기 때문이며, 하나님과의 긴밀한 관계를 맺은 사람만이 또 다른 사람과 긴밀한 관계를 맺을 수 있기 때문이다.

간절히 바라기는 보다 많은 사람들이 이 책에 수록된 "멘토링 시리즈"를 통하여 성경적인 멘토링의 개념을 이해하고, 훈련하고, 또한 삶 속에 적용한다면, 섬김을 받는 멘티는 물론이고, 섬기는 멘토 자신에게도 "하나님의 충만한 삶"을 살게 되는 놀라운 생애가 반드시 펼쳐지게 될 것이다.

01. 멘토링이란?

MENTORING

멘토링을 이해하는 데는 두 개의 단어를 잘 이해하면 보다 쉽게 멘토링을 접근할 수 있다. 그 두 개의 중요한 단어는 "관계"와 "영향력"이란 단어인데, 이것을 잘 기억하면 멘토링이 무엇인지를 쉽게 결론을 내릴 수 있다.

멘토링은 "관계"를 통해서 영향력을 끼치는 것인데 구체적으로 이야기를 해 보자. 멘토링은 "한사람이 다른 사람과 긴밀하고 일정한 관계를 통하여 상호간에 영향을 주고 받는 일련의 과정"이라고 설명하면서 여기에서 "일정한 관계"란 분명한 목적과 의도를 가지고 계획적이든 자연발생적이든 관계(일대일)를 맺어 도와주는 사람과 도움을 받는 사람과의 긴밀한 관계를 뜻한다.

그리고 "상호간에 영향"이란 과거에는 도움을 받는 사람에게 영향을 주는 것으로 해석하였으나 현대에는 도움을 주는 사람까지도 상호간에 영향을 받는 것으로 해석하고 있다. 또한 "과정"이란 결과가 있기까지 관계를 맺고 활동하는 과정이라고 설명을 할 수가 있다. 뿐만 아니라 일정한 목표가 달성되면 적절한 방법으로 공식적인 관계를 종료하는 것도 중요한 요소가 된다.

그러나 그 만남의 목적과 의도가 도움을 받는 사람의 인생 전반에 걸쳐서 도움을 주기 위한 경우에는 일생동안 지속될 수도 있다.

멘토링을 요약하면, 사람이 일대일로 관계를 맺어(일대 소수의 관계도 가능) 상호간에 도움을 주며 영향력을 주기 위해 꾸준히 노력해 가는 과정을 말한다.

02. 멘토링의 용어 이해

M E N T O R I N G

멘토링에는 몇 가지의 용어가 있다. 이 용어를 잘 이해하면 멘토링의 개념을 더욱 쉽게 이해 할 수가 있다.

먼저 "멘토Mentor"라는 용어다. 멘토는 인생의 안내자, 교사, 본을 보이는 자, 후원자, 장려자, 비밀까지 털어놓을 수 있는 자, 스승, 제자훈련자, 양육자, 훈련자, 코치, 교수, 지도자, 이끔이, 안내자, 사부, 사형, 선도자, 선배, 인도자, 리더, 목자, 대부(모), 동반자, 헬퍼, 조력자, 상담자, 조언자, 길잡이, 후원자, 후견인, 지원자, 모델 등의 뜻으로 이해 될 수 있으며 통칭하여 "도움을 주는 자"로 뜻을 이해하면 쉽겠다.

다음으로 사용되는 용어는 멘티Mentee라는 용어다. 이 용어의 뜻은 "도움을 받는 자"로 이해를 하면 쉬울 것이다. 멘토Mentor의 용어는 사람 이름이기 때문에 가능하면 그대로 표현하는 것이 좋을 듯싶다.

그러나 "멘티Mentee"의 용어는 여러가지의 용어로 표현이 되고 있음을 본다. 프랑스에서 멘토링의 원리를 처음 전한 페넬롱Fenelon은 프로테제Protege로 표현했고, 미국 풀러신학교에서 강의한 클린턴Clinton 교수는 멘토리Mentoree로 표현하여 사용하고 있다.

어떤 용어이든 상관은 없다. 멘토링 책을 보다 보면 위와 같은 용어가 나올 경우에 멘티로 이해를 하면 무리가 없을 것이다. 그러나 우리나라에서는 편의상 멘티Mentee로 통일해서 표현하여 사용하고자 한다. 교회나, 기업체에서는 다른 이름으로 변경하여 사용하려고 많은 애를 쓰고 있다. 일반 기업체에서는 "후원자"로 쓰기도 한다. 그러나 가능하면 "멘토와 멘티"로 사용하여 멘토링의 통일된 개념 정립에 노력해 주기를 희망한다.

03. 멘토링의 기원과 등장

M E N T O R I N G

그리스 신화 호머의 「오디세이」에서 B.C. 1250년 오디세우스 왕은 트로이 왕국을 멸망시키기 위해 20년간의 트로이 전쟁에 떠나기에 앞서서 대단히 나약한 아들인 텔레마쿠스를 친구이자 아들의 가정교사였던 멘토르Mentor에게 맡기고 전쟁터로 떠난다.

멘토르는 당시 이타카 일대에서 가장 지혜로운 사람, 철학자로 알려지기도 했다. 멘토르는 텔레마쿠스와 대화식으로 교육을 했고, 상상력을 동원하게 하였고, 질문을 던지고, 또한 텔레마쿠스를 대할 때는 동료처럼 대하여 거리를 좁혔다. 텔레마쿠스는 답변을 못할 때에는 불안한 흔들림으로 가득차 있다가도 아버지처럼 정다운 멘토르의 이야기에 스스로 녹아버렸다. 멘토르는 텔레마쿠스가 아버지를 찾아 나설 수 있도록 하는 임무를 맡겨서 용감하고 지혜로운 왕으로, 손색이 없는 훌륭한 인물로 성장시켰다. 멘토르는 텔레마쿠스가 완전한 인간, 즉 인격자, 용사, 지혜자, 왕자로서 손색없이 성장하도록 노력을 다했다. 텔레마쿠스가 성장을 하자 그토록 같이 있기를 간청하는 텔레마쿠스를 과감하게 멀리하고 멘토르는 그를 떠났다.

이렇게 "멘토"라는 말은 그리스 신화 「오디세이」의 인물, 멘토르에서 유래한 것이다. 멘토는 자신에게 맡겨진 임무를 완수하기 위해 온몸을 던져 완벽하게 수행하였으며, 자신의 임무가 완료되었을 때, 미련 없이 떠나가는 아름다운 이야기에서 멘토르와 텔레마쿠스의 관계를 통하여 멘토링의 기원과 개념을 발견하게 된다.

이러한 멘토르와 텔레마쿠스의 이야기를 처음으로 활용한 사람은 17세기 프랑스의 페넬롱Fenelon이었다. 그는 멘토(스승)로서 프랑스 루이 14세의 손자 부르고뉴의 공작 루이Louis를 지도했으며, 1699년에는 텔레마쿠스에 대한 책(「텔레마쿠스의 모험」 당대 가장 인기 있는 책 중의 하나였음)을 써서 널리 알렸던 인물로 오늘날 우리가 연구하고, 활용하고 있는 멘토링의 사상을 전해준 최초의 사람이다. 이로서 멘토는 지혜와 신뢰로써 한 사람의 인생을 이끌어 주는 지도자Leader 등의 동의어로 사용되는 계기가 된 것이다.

04. 멘토링의 발전

MENTORING

멘토링이 학계에서 관심을 갖게 된 것은 1978년
미국 예일대학교의 레빈슨 교수가 쓴 베스트셀러
「남성의 삶의 계절」 The seasons of man's life 이란 책을
출판한 이후부터이다. 레빈슨 교수는 인생에 있어서
성인시기로 들어가는 사람에게 좋은 멘토가 없다는 것은,
마치 어린아이에게 좋은 부모가 없는 것과 같다고 역설했다.

한편 1979년에 로체는 「하버드 비즈니스 리뷰」라는 잡지에서 당시 경제산업계의 임원 자리를 차지하고 있는 대부분의 사람들이 과거에 자신들의 멘토가 있었다는 사실을 발견해 낸다.

이 보고서 이후, 미국의 많은 직장에서는 이 멘토링 프로그램에 많은 관심을 보이고 있으며 연구하고 적용해 왔다.

이렇듯 멘토링의 관심은 70년대 말을 기점으로 80년대에 들어와서 학계의 상당한 주목을 받게 되고, 이후로 멘토링에 대한 서적들과 논문들이 많이 발표되고 있으며, 인터넷 아마존서점에 등록되어 있는 책만도 250여 권의 책이 있고, 미국 인터넷 사이트만 해도 약 250곳 이상이 있다. 이런 분위기 속에서 멘토링은 더욱 연구되어지고 있으며, 멘토매니아 Mento-Mania 란 신조어까지 나올 정도로 멘토링에 대한 연구가 활발하다.

미국의 기독교계에서 멘토링에 대하여 관심을 갖게 된 중요한 동기 중에 하나는, 80년대 초반부터 발생되었던 미국의 이름 있는 교계의 일부 지도자들의 수치스러운 돈, 섹스, 권력의 죄악들 때문이었다. 여기에 충격을 받은 여러 기독교 학자들이 이것을 방지할 수 있는 길이 무엇인가를 깊이 연구하던 중에 그 탁월한 대안으로 "멘토링 Mentoring"을 제시한 것이다. 만일 그들에게 적절하고 지혜로운 멘토가 있었다면, 이같은 참혹하고 수치스러운 죄악들을 미연에 방지할 수가 있었을 것이라는 아쉬움이 남았던 것이다. 아울러 미국교회로부터 반면교사 反面教師의 교훈을 받지 못한 한국교회는 2000년대에 이르러서 역시 교계의 일부 지도자들이 돈, 섹스, 권력의 죄악들을 답습하는 수치스럽고 안타까운 현실을 맞게 된다.

05. 멘토링의 정의

- ◆ 멘토링은 하나님께서 주신 자원들을 나눔으로써 한 사람이 다른 사람에게 영향을 끼치는 일종의 관계적 경험이다. - Clinton
- ◆ 멘토링은 평생을 지속해야 하는 관계이다. 그 관계 속에서 멘토는 멘티가 하나님께서 주신 잠재력과 비전을 발견할 수 있도록 도와준다. - Bobb Biehl
- ◆ 멘토링은 멘토라고 불리는 한 사람이 멘티로 불리는 다른 사람에게 효과적으로 영향을 줄 수 있는 자산과 여러 가지 자원을 교환하여 줌으로써 능력을 키워주는 인간관계의 과정이다. - Clinton
- ◆ 한 사람이 다른 사람에게 긴밀하고 일정한 관계를 위하여 개인적으로 영향을 주고 받는 모든 과정이다. - 박 건

이러한 정의들을 종합하면, 첫째로 어떤 사람이 다른 사람을 돕는다는 것, 둘째로 인간관계이며, 셋째로 일회성이 아니라 지속되는 관계로써 멘토링을 이와같이 정의하는데 조금도 주저하지 않게 되었다. 이와 같이 정의를 내리는 이유는 멘토링이 교회에서만 행해지는 활동이 아니라, 오히려 산업 현장인 기업이나 공공기관, 특히 교육기관에서 더욱 활발하게 활용되고 있는 인간관계 방법론으로써 정착되고 있기 때문이다. "멘토링"은 한 마디로, "한 사람Mentor이 다른 사람Mentee에게 영향을 주기 위해 일대일로 관계를 맺어 활동하는 일련의 과정"이라고 할 수가 있다.

여기서 먼저 관계를 생각해 보면, 한 사람이 다른 사람과 다른 사람은 또 다른 사람과 계층적, 상호 동료간 거미줄같이 긴밀하고 일정한 네트워크Network 관계를 이루게 되는데 이를 멘토링의 체인화Mentoring Chain라고 표현한다. 이와 같은 멘토링 체인화를 통하여 우리 모두가 추구하는 건강한 가정, 건강한 교회, 건강한 사회, 건강한 학교, 건강한 조직 및 건강한 국가가 이룩될 수가 있다.

06. 멘토링의 8가지 형태와 기능

MENTORING

멘토링은 8가지 형태가 있고, 참여의 강도에 따라서 각각 다르게 기능이 나타나며, 8가지 형태는 멘토링 과정에서 일어나는 각자의 역할을 분명히 하며, 멘토링이 다양한 강도와 다양한 참여도를 보이는, 두 사람 사이의 관계적 상호 교류라는 것을 충분히 이해 할 수 있다.

1. **제자훈련자** Discipler   모든 삶의 영역에서, 모든 삶의 순간에서 전적으로 예수님을 따르는 사람이 되도록 세워주는 경우를 말한다.

2. **영적 인도자** Spiritual Guide   영적으로 성숙하게 하는데 영향을 미칠 질문이나 결정에 의해 통찰력을 주고 방향을 제시해 주는 경우를 말한다.

3. **코치** Coach   코치로서의 기능이다. 이는 신앙생활에서의 실제적인 도움을 주는 여러 기술들을 가르치거나 전수해 준다. 예를 들어 전도 훈련이나 기도 훈련, 상담법 같은 내용들이다.

4. **상담자** Counselor   상담자로서의 기능이며, 적절한 시기에 자신, 타인, 환경, 사역에 대해 성경적인 바른 관점을 가지도록 도와주는 경우를 말한다.

5. **교사** Teacher   가르치는 교사로서의 기능이며, 어떤 특정한 주제에 관하여 이해하도록 가르쳐 주는 경우도 해당이 된다.

6. **후원자** Sponsor   후원자로서의 기능이며, 조직 안의 리더로서 보호자와 안내자로서의 역할을 해주는 경우를 말한다.

7. **현세적 멘토** Contemporary Mentor   현재 살아있는 인물 가운데 인생, 사역, 직업에 있어서 역할 모델Role model이 될 뿐만 아니라 선의의 경쟁심을 불러 일으키는 경우를 말한다.

8. **역사적 멘토** Historical Mentor   이미 세상을 떠난 사람 가운데 역할 모델이 되는 기능이며, 역사적 인물 가운데 내게 좋은 영향을 준 사람이라면 역사적 멘토가 된다.

07. 멘토링의 20가지 핵심 수칙

MENTORING

멘토링의 효과적인 실행을 위하여 지혜로운 멘토는
다음과 같이 20가지 핵심 수칙을 기억하고 실천해야만 한다.

❶ 한 번에 한 사람의 파트너와만 만나라
❷ 개인적인 내용은 비밀을 유지하라
❸ 자라게 하시는 분은 하나님이시고 나는 돕는 역할 뿐임을 알라
❹ 멘토 자신이 계속 훈련을 받으며 자라가라
❺ 말보다는 삶으로 본을 보여라
❻ 상대방에 대한 진지한 사랑과 관심을 가져라
❼ 먼저 잘 들어 주고 자세히 관찰하라
❽ 시간과 약속을 잘 지켜라
❾ 언어 사용에 주의하고 예의를 지켜라
❿ 물질과 시간을 투자하고 멘토링 양육에 최우선 순위를 두라
⓫ 멘토의 모든 활동은 소속된 그룹의 지도자에게 감독을 받으라
⓬ 함께 목표를 설정하라
⓭ 어떤 내용을 가지고 교제 할지에 대해 정하라
⓮ 정기적인 만남을 가져라
⓯ 기간을 정하고 시작하라
⓰ 문제 해결에 있어 말씀의 권위를 인정하고 말씀을 사용하라
⓱ 외적인 요소로만 사람을 판단하지 마라
⓲ 적극적이고 긍정적인 자세를 가져라
⓳ 2, 3개월에 한 번씩 두 사람의 관계를 평가하라
⓴ 멘토링 양육은 가능하면 동성끼리 하라

08. 교회에서 멘토링 사역의 종류

M E N T O R I N G

교회에서의 멘토링 사역으로는 정착멘토링, 양육멘토링, 훈련멘토링, 사역멘토링, 전도멘토링, 소그룹멘토링으로 구분을 할 수 있겠다. 이 6가지 멘토링의 종류는 교회에서 적용할 수 있는 꼭 필수적인 멘토링의 내용들이다.

정착(새 가족 친교)을 위한 멘토링
정착을 위한 멘토링은 아주 중요한 부분이다. 어떻게 하면 새 신자, 이적 신자를 정착 시키고 양육까지 잘하여, 교회의 중요한 일꾼이 되도록 하기 위한 것이다.

양육을 위한 멘토링
기간은 3-6개월 정도가 적당하다. 한 그룹의 인원은 대개 2-4명 정도가 좋다. 이들은 리더(양육 멘토)와 더불어 깊이 있는 삶의 대화가 이루어지고 성경공부가 40%, 교제 나눔이 60%정도를 차지하도록 진행한다.

훈련을 위한 멘토링
훈련을 위한 소그룹은 대개 제자훈련이라는 이름으로 많이 한다. 이 제자훈련을 평신도가 인도할 수도 있고, 교역자가 할 수도 있으나 양육은 평신도가, 훈련은 교역자가 할 것을 권한다.

사역을 위한 멘토링
위의 두 성장(양육, 훈련) 멘토링과는 달리 사역멘토링의 영역이 있다.
우리나라 교회는 아직 사역멘토링의 개념이 약한데 성장 멘토링의 궁극적인 지향점이 바로 자신의 은사를 잘 발견하고 사역을 잘하게 하는데 있다고 할 때, 교회에서 이 사역멘토링은 매우 중요한 영역이 아니라고 할 수가 없다.

전도를 위한 멘토링
전도는 소그룹을 통해 훈련 받는 것이 가장 효과적이다. 기존 교인들이 전도할 대상자를 선정하여 가족부터 시행하므로 그들의 인적 사항을 파악한 후에 가장 잘 어울리는 전도 멘토와 일대일로 자연스럽게 연결시켜 효과적인 전도(성격, 배경, 비전 등이 같은 사람이므로) 활동이 가능하다.

소그룹(목장, 구역, 속회, 사랑방, 셀, 순 등)을 위한 멘토링
교회에서 가장 중요한 곳은 소그룹이다. 소그룹이 활성화 되지를 않으면 교회의 성장은 힘들다. 그만큼 소그룹은 교회에서 중요한 역할을 한다. 결국 소그룹의 성장이, 곧 교회의 성장이다.

09. 멘토 교사의 역할

MENTORING

교회학교 멘토 교사는 특별히 하나님께 소명을 받은 자들로 하나님의 일을 위하여 헌신하는 자들이다. 교육학자인 훅Hook은 "교사는 본질적인 지식이나 기술을 전달할 뿐 아니라 자기의 소명을 심각히 자각하였을 때, 학습자의 습관이 형성되고 또 그의 인생 철학을 발전시키는데 있어 강력한 영향을 미치게 된다."고 주장한다. 교회학교에 속한 멘토 교사는 다음과 같은 역할을 수행할 수 있어야만 한다.

① **안내자** as a Guider : 여행을 위해 안내자가 필요 하듯이 하나님의 나라를 학생들에게 바로 알리기 위해서는 성경에 대한 흥미가 유발될 수 있도록 사전에 충분한 준비로 학생들을 말씀으로 안내해야 한다.

② **멘토** Mentor : 존 듀이John Dewey는 교육을 형식적 교육과 비형식적인 교육으로 분류하고 있지만 교육에는 3가지 방법이 있다. 형식적 교육, 비형식적 교육, 무형식적 교육이 그것으로 멘토에 의해 이루어지는 교육은 무형식적 교육이며, 현장 실습, 생활 훈련, 탐방 훈련, 문하생 지도에 의해 이루어지는 것이다.

③ **교사** Teacher : 교사란 지식을 전달하는 사람으로 기본적으로 자신이 가르치고자 하는 학문에 대해서 전문인이 되어 학생을 교육시켜야 한다.

④ **부모** like Parents : 어머니의 희생적인 사랑이 학생의 행동을 변화시킬 수 있듯이 멘토 교사의 부모같은 사랑이 학생들에게 전해질 때 교육의 효과는 극대화될 수 있다.

⑤ **상담자** Counseler : 멘토는 자신이 가지고 있는 지식만을 전달하는 자가 절대 아니다. 멘토는 가르치는 학생들의 생활까지 관심을 가져야 한다. 묵묵히 입다물고 있는 학생들의 내면의 소리를 들을 수 있어야 한다. 멘토는 학생들의 닫혀 있는 마음의 빗장을 열어줄 수 있는 상담자가 되어야 한다.

⑥ **친구** as a Friend : 교육계에서 출간된 잡지의 통계를 보면 부모와 자녀들의 대화의 90%이상이 "~해라!" "~했니?" "~하지마라!" "~하면 안돼!" 등의 지시적 언어와 명령형 언어로 구성되어 있다고 한다. 그렇기 때문에 가정이라는 울타리를 떠난 학생들이 자신들을 도와 줄 수 있는 존재로서의 멘토를 찾을 수 있도록 그들을 이해하고 그들의 사고를 공유할 수 있도록 친구같은 멘토가 되어야 하는 것이다.

10. 소그룹에서의 멘토링
(목장, 구역, 속회, 사랑방, 셀, 순 등)
M E N T O R I N G

소그룹(목장, 구역, 속회, 사랑방, 셀, 순 등)은 교회의 강력한 조직이라고 말할 수 있다. 이 조직에서 하나님이 원하시는 대로 모임이 이루어지고 멘토링적인 소그룹을 이루면 소그룹은 물론이며 교회까지 풍성한 열매를 맺게 될 것이다. 그만큼 소그룹은 교회에서 중요한 위치에 있다. 소그룹은 관점과 강조점에 따라 다르지만 공통적으로 소그룹에서는 관계, 돌봄과 섬김, 양육, 본이 되는 일, 사역 그리고 행정이 필요하다. 다음은 소그룹에서 자연스럽게 일어나는 여러 가지 현상들을 열거 하였다.

관계 : 소그룹에서는 관계의 상황들이 아주 잘 일어나는 모임이다. 이 소그룹에 좋은 관계가 형성되고, 좋은 교제가 이루어지면 성공적인 소그룹이 될 수 있을 것이다.

돌봄과 섬김 : 소그룹에서 희생이 없는 관계는 진정한 관계가 아니다. 소그룹에서의 희생은 참으로 어려운 문제이다. 자칫 잘못되면 어려운 문제들에 봉착하는 경우들이 많다. 심사숙고하며 사랑을 가지고 좋은 멘토링 관계가 일어나야 한다.

양육 : 교회에서의 소그룹은 훌륭한 양육멘토링의 현장이다. 소그룹을 양육 멘토링의 현장으로 최대한 활용을 하여야 할 것이다. 교회의 모든 소그룹에 있어서 리더는 양육 멘토로서의 역할을 충분히 감당하여야 한다.

본이 되는 일 : 소그룹 식구의 허물을 끝까지 덮어 주려고 노력하는 따뜻한 마음을 갖는 성도, 멤버를 신뢰하며 욕심 부리지 않고 편안한 마음으로 양육하는 성도, 어려운 사람을 헌신적으로 돕는 성도, 겸손한 마음으로 말없이 성도들의 필요를 채워 주는 리더, 우리는 이런 면에서 본이 되려는 사명감을 가지면 좋겠다. 굳이 말로 하지 않아도 서로의 삶 속에서 본이 되는 모습을 보여줌으로써 성숙한 소그룹 공동체로 성장할 수 있을 것이다.

사역 : 소그룹이 하나의 작은 교회로서의 역할을 할 수 있어야 한다. 소그룹에서의 사역은 시간을 빼앗고 마음을 지치게 하는 것이 아니라 무엇보다도 하나님께서 사랑하라고 하신 명령에 순종하는 기쁨을 누리게하므로 오히려 교회의 모든 소그룹에 활력을 주는 좋은 계기가 될 것이다.

행정 : 소그룹은 교회의 가장 기본적이고도 영향력 있는 조직이므로 필요한 행정을 적극적으로 감당해야 한다. 소그룹에서 일어나는 여러 종류의 일들을 육하원칙에 의해 잘 기록하고 교회에 보고하며 소그룹 자체에 기록을 잘 남겨둠으로써 차기 리더나 후배들이 연속해서 소그룹의 일을 잘 할 수 있다. 가능하면 세부적인 행정이 되면 좋다.

11. 멘토는 누구인가?

MENTORING

교회에서의 멘토링Mentoring 사역의 열쇠는 멘토Mentor에게 달려 있다.

"제자는 태어나는 것이 아니라 만들어지는 것이다." 라는 말처럼 좋은 멘토는 태어나는 것이 아니라 만들어지는 것이다. 그렇기에 교회에서의 멘토링 사역의 성공과 실패는 멘토를 어떻게 세워서 키워내느냐에 달려있다고 해도 과언이 아니다.

멘토는 멘토링을 주도하는 사람이다. 사람은 누구나 멘토가 될 수 있지만 누구나 좋은 멘토가 될 수 있는 것은 아니다. 좋은 멘토는 멘티Mentee(멘토에게 멘토링을 받는 사람)를 위하여 멘티에게 자신의 것을 나누어 줄 뿐만 아니라 기꺼이 자신을 멘티를 위해 희생할 수 있어야 한다.

기독교육의 전문가인 미국 달라스신학교의 하워드 헨드릭스Howard Hendrix 교수에 의하면 "멘토는 다른 사람을 성숙시키고 또 계속 성숙해 가도록 도와주며 그가 그 자신의 생애의 목표를 발견하도록 도와주는데 자신을 헌신한 사람이다." 라고 정의한다. 이렇듯 멘토는 멘티의 성장과 장래에 영향을 끼치기 위해 자신이 가진 것을 마음껏 나누는 사람이다.

멘토링 십계명 (마 23:1-12)

멘토링 십계명에 대해서는 성경에서 제시하는 예수님의 멘토링 십계명을 제시해 보려고 한다.

❶ 말과 행동을 일치시켜라(3절)
❷ 시키지만 말고 함께 일하라(4절)
❸ 사람의 인기를 얻으려고 하지 말라(5절)
❹ 특권 의식을 갖지 말라(6절)
❺ 칭찬을 좋아하지 말라(7절)
❻ 직분의 명칭에 교만하지 마라(8절)
❼ 영적인 관계를 개발시켜라(9절)
❽ 오직 그리스도만 바라보라(10절)
❾ 모든 사람의 필요를 채워 섬겨라(11절)
❿ 겸손의 삶을 살라(12절)

12. 훌륭한 멘토가 되려면?

MENTORING

우리는 누구나 다 훌륭한 멘토Mentor가 될 수 있다!

나 자신부터 훌륭한 멘토가 되어야 하며, 훌륭한 멘토의 삶을 살아야 한다. 그리고 많은 성도들을 훌륭한 멘토로 양육을 시켜야 한다. 믿지 않는 세상의 사람들에게도 멘토로서의 본을 보여줄 때, 그들이 하나님 앞으로 나올 것이다. 이것이 21세기에 교회가 하나님 앞에 바로 서는 길이며, 침체에 빠져있는 교회성장의 대안이다. 이제 훌륭한 멘토가 되기 위해서 몇 가지를 제시해 본다. 멘토는 이런 삶이 되도록 기도하면서 반드시 실천해야만 한다.

1. **사랑하라** 당신의 멘티를 사랑하라. 이 사랑이라는 요소 한 가지만으로도 멘토링에서 두려움을 상당 부분 해소할 수 있다. 왜냐하면 "온전한 사랑이 두려움을 내쫓기(요일 4:18)" 때문이다. 또한 사랑은 "모든 것을 참기(고전 13:7)" 때문이다. 이 사랑은 멘토로서의 역할 중 가장 핵심이 되는 요소이다.

2. **격려하고 위로하라** 좋은 멘토는 격려하는 사람, 확신하는 사람, 인정해 주는 사람, 즐겁게 해주는 사람이 되어야 한다. "너는 해낼 수 있어!" "정말 잘 했어!" "너는 언젠가는 그 분야에서 성공할거야!" 이런 식의 확신에 찬 말들은 불친절하고 부정적인 말을 오랫동안 들어왔던 어린 시절의 상처를 안고 있는 멘티를 치료하는 데 커다란 도움이 된다.

3. **정직하라** 멘티에게 솔직히 털어놓으라. 당신의 성공뿐만 아니라 실패도 말하라. "나 역시 완벽하지 않다." 라고 인정하라. 이는 멘티에게 더욱 현실적인 안목을 심어줄 수 있다. 멘티의 질문에 모를 경우 정직하게 말해도 멘티는 그를 흉보지 않는다. 멘토를 더욱 훌륭하게 생각 할 것이다.

4. **당신의 동기를 점검하라** 당신의 할 일 중의 하나는 멘티를 성장시키는 것이다. 당신의 개인적인 목적을 위해 멘티를 이용하지 말라. 당신은 멘토로서 멘티가 성숙하고 나아지도록 도와야 한다. 당신이 훌륭하게 보이려고 멘티를 이용하지 말라.

5. **긴장을 풀라** 젊은이들은 멘토를 원한다. 그들은 당신이 그들을 멘토로 삼아 주는 것만으로도 고맙게 여기고 가슴 벅차한다. 평안한 마음으로 멘토링 관계에 임하라. 그들에게 관심을 가지라. "너의 우선순위는 무엇이냐?" "어떻게 도와줄까?" 긴장을 풀고 평안한 마음으로 질문하라. 멘토가 평안한 마음을 소유할 때, 멘티는 다가온다. 사람은 누구나 평안한 사람을 좋아한다.

PROJECT

PROJECT

PROJECT

PROJECT

PROJECT

PROJECT

PROJECT

PROJECT

PROJECT

PROJECT

PROJECT

PROJECT

PROJECT

PROJECT

PROJECT

PROJECT

PROJECT

PROJECT

PROJECT

PROJECT

PROJECT

PROJECT

PROJECT

PROJECT

PROJECT

PROJECT

PROJECT

PROJECT

PROJECT

PROJECT

PROJECT

PROJECT

PROJECT

PROJECT

PROJECT

PROJECT

PROJECT

PROJECT

PROJECT

PROJECT

PROJECT

PROJECT

PROJECT

PROJECT

PROJECT

PROJECT

PROJECT

PROJECT

PROJECT

PROJECT

PROJECT

PROJECT

PROJECT

PROJECT

PROJECT

PROJECT

PROJECT

PROJECT

PROJECT

PROJECT

PROJECT

PROJECT

PROJECT

PROJECT

PROJECT

PROJECT

PROJECT

PROJECT

PROJECT

PROJECT

PROJECT

PROJECT

PROJECT

PROJECT

PROJECT

PROJECT

PROJECT

PROJECT

PROJECT

PROJECT

PROJECT

MENTORING standard

MENTORING standard

MENTORING standard

MENTORING standard

MENTORING standard

MENTORING (standard)

Appendix

- 매삼주오 성경읽기표
- 멘토링 기도 노트
- 오이코스 전도 노트
- 나의 그룹 신상 기록부
- 멘토링 출석부
- 목자 노트
- 크리스천 멘토가 꼭 알아야 할 교회 절기 해설
- 크리스천 멘토의 추천도서
- 멘토북 나의 독서 계획표
- Event Calendar
- 밥상공동체 / 연탄은행
- 올트(Olt Cambodia)
- 푸른나무재단
- 도서관(지혜의 숲) 나들이!
- My Bucket List

MENTORING standard

믿음의 본질

내게 능력 주시는 자 안에서 내가 모든 것을 할 수 있느니라 빌립보서 4:13
I can do everything through him who gives me strength. Philippians 4:13

Daily Bread

매삼주오 성경읽기표

매삼주오는 우리나라의 초대 교회 성도들의 인사! 매일 삼장, 주일 오장 그래서 그 준말로 "매삼주오!"
매일 읽은 말씀은 ☑로 표시하십시오!

● 구약 39권

창 세 기	1	2	3	4	5	6	7	8	9	10	11	12	13	14	15	16	17	18	19	20	21	22	23	24
	25	26	27	28	29	30	31	32	33	34	35	36	37	38	39	40	41	42	43	44	45	46	47	48
	49	50																						
출 애 굽 기	1	2	3	4	5	6	7	8	9	10	11	12	13	14	15	16	17	18	19	20	21	22	23	24
	25	26	27	28	29	30	31	32	33	34	35	36	37	38	39	40								
레 위 기	1	2	3	4	5	6	7	8	9	10	11	12	13	14	15	16	17	18	19	20	21	22	23	24
	25	26	27																					
민 수 기	1	2	3	4	5	6	7	8	9	10	11	12	13	14	15	16	17	18	19	20	21	22	23	24
	25	26	27	28	29	30	31	32	33	34	35	36												
신 명 기	1	2	3	4	5	6	7	8	9	10	11	12	13	14	15	16	17	18	19	20	21	22	23	24
	25	26	27	28	29	30	31	32	33	34														
여 호 수 아	1	2	3	4	5	6	7	8	9	10	11	12	13	14	15	16	17	18	19	20	21	22	23	24
사 사 기	1	2	3	4	5	6	7	8	9	10	11	12	13	14	15	16	17	18	19	20	21			
룻 기	1	2	3	4																				
사 무 엘 상	1	2	3	4	5	6	7	8	9	10	11	12	13	14	15	16	17	18	19	20	21	22	23	24
	25	26	27	28	29	30	31																	
사 무 엘 하	1	2	3	4	5	6	7	8	9	10	11	12	13	14	15	16	17	18	19	20	21	22	23	24
열 왕 기 상	1	2	3	4	5	6	7	8	9	10	11	12	13	14	15	16	17	18	19	20	21	22		
열 왕 기 하	1	2	3	4	5	6	7	8	9	10	11	12	13	14	15	16	17	18	19	20	21	22	23	24
	25																							
역 대 상	1	2	3	4	5	6	7	8	9	10	11	12	13	14	15	16	17	18	19	20	21	22	23	24
	25	26	27	28	29																			
역 대 하	1	2	3	4	5	6	7	8	9	10	11	12	13	14	15	16	17	18	19	20	21	22	23	24
	25	26	27	28	29	30	31	32	33	34	35	36												
에 스 라	1	2	3	4	5	6	7	8	9	10														
느 헤 미 야	1	2	3	4	5	6	7	8	9	10	11	12	13											
에 스 더	1	2	3	4	5	6	7	8	9	10														
욥 기	1	2	3	4	5	6	7	8	9	10	11	12	13	14	15	16	17	18	19	20	21	22	23	24
	25	26	27	28	29	30	31	32	33	34	35	36	37	38	39	40	41	42						
시 편	1	2	3	4	5	6	7	8	9	10	11	12	13	14	15	16	17	18	19	20	21	22	23	24
	25	26	27	28	29	30	31	32	33	34	35	36	37	38	39	40	41	42	43	44	45	46	47	48
	49	50	51	52	53	54	55	56	57	58	59	60	61	62	63	64	65	66	67	68	69	70	71	72
	73	74	75	76	77	78	79	80	81	82	83	84	85	86	87	88	89	90	91	92	93	94	95	96
	97	98	99	100	101	102	103	104	105	106	107	108	109	110	111	112	113	114	115	116	117	118	119	120
	121	122	123	124	125	126	127	128	129	130	131	132	133	134	135	136	137	138	139	140	141	142	143	144
	145	146	147	148	149	150																		
잠 언	1	2	3	4	5	6	7	8	9	10	11	12	13	14	15	16	17	18	19	20	21	22	23	24
	25	26	27	28	29	30	31																	
전 도 서	1	2	3	4	5	6	7	8	9	10	11	12												
아 가	1	2	3	4	5	6	7	8																

이 사 야	1	2	3	4	5	6	7	8	9	10	11	12	13	14	15	16	17	18	19	20	21	22	23	24
	25	26	27	28	29	30	31	32	33	34	35	36	37	38	39	40	41	42	43	44	45	46	47	48
	49	50	51	52	53	54	55	56	57	58	59	60	61	62	63	64	65	66						
예 레 미 야	1	2	3	4	5	6	7	8	9	10	11	12	13	14	15	16	17	18	19	20	21	22	23	24
	25	26	27	28	29	30	31	32	33	34	35	36	37	38	39	40	41	42	43	44	45	46	47	48
	49	50	51	52																				
예레미야애가	1	2	3	4	5																			
에 스 겔	1	2	3	4	5	6	7	8	9	10	11	12	13	14	15	16	17	18	19	20	21	22	23	24
	25	26	27	28	29	30	31	32	33	34	35	36	37	38	39	40	41	42	43	44	45	46	47	48
다 니 엘	1	2	3	4	5	6	7	8	9	10	11	12												
호 세 아	1	2	3	4	5	6	7	8	9	10	11	12	13	14										
요 엘	1	2	3																					
아 모 스	1	2	3	4	5	6	7	8	9															
오 바 댜	1																							
요 나	1	2	3	4																				
미 가	1	2	3	4	5	6	7																	
나 훔	1	2	3																					
하 박 국	1	2	3																					
스 바 냐	1	2	3																					
학 개	1	2																						
스 가 랴	1	2	3	4	5	6	7	8	9	10	11	12	13	14										
말 라 기	1	2	3	4																				

● 신약 27권

마 태 복 음	1	2	3	4	5	6	7	8	9	10	11	12	13	14	15	16	17	18	19	20	21	22	23	24
	25	26	27	28																				
마 가 복 음	1	2	3	4	5	6	7	8	9	10	11	12	13	14	15	16								
누 가 복 음	1	2	3	4	5	6	7	8	9	10	11	12	13	14	15	16	17	18	19	20	21	22	23	24
요 한 복 음	1	2	3	4	5	6	7	8	9	10	11	12	13	14	15	16	17	18	19	20	21			
사 도 행 전	1	2	3	4	5	6	7	8	9	10	11	12	13	14	15	16	17	18	19	20	21	22	23	24
	25	26	27	28																				
로 마 서	1	2	3	4	5	6	7	8	9	10	11	12	13	14	15	16								
고린도전서	1	2	3	4	5	6	7	8	9	10	11	12	13	14	15	16								
고린도후서	1	2	3	4	5	6	7	8	9	10	11	12	13											
갈라디아서	1	2	3	4	5	6																		
에 베 소 서	1	2	3	4	5	6																		
빌 립 보 서	1	2	3	4																				
골 로 새 서	1	2	3	4																				
데살로니가전서	1	2	3	4	5																			
데살로니가후서	1	2	3																					
디모데전서	1	2	3	4	5	6																		
디모데후서	1	2	3	4																				
디 도 서	1	2	3																					
빌 레 몬 서	1																							
히 브 리 서	1	2	3	4	5	6	7	8	9	10	11	12	13											
야 고 보 서	1	2	3	4	5																			
베드로전서	1	2	3	4	5																			
베드로후서	1	2	3																					
요 한 일 서	1	2	3	4	5																			
요 한 이 서	1																							
요 한 삼 서	1																							
유 다 서	1																							
요한계시록	1	2	3	4	5	6	7	8	9	10	11	12	13	14	15	16	17	18	19	20	21	22		

Prayer Note
멘토링 기도 노트

그러므로 내가 너희에게 말하노니 무엇이든지 기도하고 구하는 것은 받은 줄로 믿으라 그리하면 너희에게 그대로 되리라
마가복음 11:24

기도 시작일	기도 제목	약속의 말씀	응답 결과

- 기도의 생활화를 위해서 「멘토링노트 기도」를 추천합니다.
  전국기독교서점과 온라인서점에서 구입하여 기도를 생활화 할 수 있습니다.

Oikos Mission Note

오이코스 전도 노트

오이코스(οικος)란 집과 그 집 안에 거주하는 가족(친척, 고용인, 방문객까지 포함하는 확장된 가정)을 뜻하는 헬라어 (행 16:31)

너희는 온 천하에 다니며 만민에게 복음을 전파하라
마가복음 16:15

전도 시작일	이 름	관 계	연락처 / E-mail	전도 내용

구체적인 관계의 변화	

구체적인 관계의 변화	

구체적인 관계의 변화	

구체적인 관계의 변화	

구체적인 관계의 변화	

구체적인 관계의 변화	

구체적인 관계의 변화	

● 전도의 생활화를 위해서 「멘토링노트 전도」를 추천합니다.
전국기독교서점과 온라인서점에서 구입하여 전도를 생활화 할 수 있습니다.

My Members I.D

나의 그룹 신상 기록부

맡은 자들에게 주장하는 자세를 하지 말고 양 무리의 본이 되라
베드로전서 5:3

이 름			Birthday		
			Vision		
주 소			Phone & Mobile		
			E-mail		
가족 이름	관 계	생년월일	종 교	직 분	직 업

이 름			Birthday		
			Vision		
주 소			Phone & Mobile		
			E-mail		
가족 이름	관 계	생년월일	종 교	직 분	직 업

이 름			Birthday		
			Vision		
주 소			Phone & Mobile		
			E-mail		
가족 이름	관 계	생년월일	종 교	직 분	직 업

이 름			Birthday		
			Vision		
주 소			Phone & Mobile		
			E-mail		
가족 이름	관 계	생년월일	종 교	직 분	직 업

이 름			Birthday		
			Vision		
주 소			Phone & Mobile		
			E-mail		
가족 이름	관 계	생년월일	종 교	직 분	직 업

이 름			Birthday		
			Vision		
주 소			Phone & Mobile		
			E-mail		
가족 이름	관 계	생년월일	종 교	직 분	직 업

이 름			Birthday		
			Vision		
주 소			Phone & Mobile		
			E-mail		
가족 이름	관 계	생년월일	종 교	직 분	직 업

My Register

맨토링 출석부

…요한의 아들 시몬아 네가 이 사람들보다 나를 더 사랑하느냐… 내 어린 양을 먹이라…
요한복음 21:15

이 름	1 JANUARY				2 FEBRUARY				3 MARCH					4 APRIL				5 MAY			
	5	12	19	26	2	9	16	23	2	9	16	23	30	6	13	20	27	4	11	18	25

6 JUNE				7 JULY				8 AUGUST				9 SEPTEMBER				10 OCTOBER				11 NOVEMBER				12 DECEMBER			
1	8	15	22	29	6	13	20	27	3	10	17	24	31	7	14	21	28	5	12	19	26	2	9	16	23	30	7	14	21	28

✦✦ 목자 노트 (소그룹용 노트)   Mokja Note

소그룹(목장/구역/속회/사랑방/셀/순)이 살아야 교회가 산다!

```
        주일
       연합예배
          ●
         / \
        /   \
       / 목자 \
      / 리더십 \
     /    ▼    \
    ●───────────●
  목장           삶·훈련
  모임
```

목장모임 순서 Mokjang Life Process

- 아이스 브레이크 ··· 마음을 열도록 목자와 목원들이 함께 굳어진 마음 녹이기.
- 찬양 ·················· 담당자 인도로 선곡한 이유와 함께 2~3곡을 찬양한다.
- 말씀 및 칼럼 ········ 지난주 설교 요약본과 주보 칼럼을 읽어 준다.
- 광고 ·················· 교회와 목장의 공지사항을 담당자가 전달한다.
- 삶을 나눔 ··········· 목원들의 감사한 일, 기도 응답된 내용, 새로운 기도제목들을 자연스럽게 나눈다(나눌 때, 기도제목 정리).
- 기도 ·················· 담당자가 정리한 기도제목을 읽어 주고 기도한다. VIP, 후원선교사, 주일연합예배를 위한 기도 후, 짧게 마무리한다.
- 헌금 ·················· 찬양하면서 헌금을 한다.
- 축복기도 ············ 목자가 말씀을 적용하여, 긴급기도, 목장모임을 섬긴 가정을 위한 축복기도로 마무리한다.

목자 지침서 20 Mokja Guidebook

1. 목자는 영적인 리더로서 목장을 책임진다.
2. 매주 목자 교육모임에 참석한다.
3. 매주 한 번씩 목장일지를 제출한다.
4. 목장 식구들은 가족이라는 사실을 기억하고 늦게 오더라도 환영한다.
5. 하루에 10분씩, 매일 목장을 위해 기도를 한다.
6. 매삼주오(매일 3장, 주일 5장) 방식으로 성경을 읽는다.
7. 수요예배에 목장 식구들이 같이 참여하도록 힘쓴다.
8. 마음에 품은 VIP들을 목장 식구로 생각하고 섬긴다.
9. 기도할 때, 목장 식구들의 이름을 부르면서 기도한다.
10. 삶의 우선순위를 목장에 둔다.
11. 목장모임 인도는 정해진 순서대로 한다.
12. 목자는 모임을 인도할 때는 말을 적게 하고 질문을 많이 한다.
13. 목자는 가르치는 자가 아니라 섬김의 본을 보이는 자이다.
14. 목장에서 나눴던 비밀은 무덤까지 가지고 간다.
15. 목자는 분가를 위해 영혼구원에 힘쓰고 예비 목자를 양육한다.
16. 목장모임은 최선을 다해서 매주 모임을 갖도록 한다.
17. 목자 교육세미나를 통하여 계속 영적성장을 도모한다.
18. 목장 어린이들은 목장 식구로 간주하고 양육한다.
19. 한 달에 한 번 선교헌금을 드리고 재정보고서를 제출한다.
20. 목자는 목장이 작은 교회임을 늘 기억하고 사역해야 한다.

✦ 목장 주간활동　　　　**Mokjang Weekly Action**

요일	일자	활동 계획 및 내용
월	/	
화	/	
수	/	
목	/	
금	/	
토	/	
주일	/	

주간 할 일 Weekly To Do

1

2

3

4

5

✧ 목장 모임　　　　　　　　　　　Mokjang Life

일시		장소		참석인원	
메모					

삶을 나눔

공지사항

감사내용

기도응답

기도제목

VIP 섬김내용

✨ 목장 가족기록부   *Mokjang My Family*

◆ 목원(대표자)

성 명		생년월일	
연락처		이메일	
직 업		취 미	
주 소			
메 모			

◆ 배우자

성 명		생년월일	
연락처		이메일	
직 업		취 미	
메 모			

◆ 자녀

성 명		(남 / 여)	생년월일	
메 모				

성 명		(남 / 여)	생년월일	
메 모				

성 명		(남 / 여)	생년월일	
메 모				

✦✦ 목장 출석부   **Mokjang Attendance**

일자 \ 목원							

✦✦ 목장 전도대상자 명단 *Mokjang VIP List*

성명	연락처	지역	직업	나이	관계	기록일

memo

✦✦ 목장 전도대상자 섬김 Mokjang VIP Relationship

◆ 기본 정보

성 명		생년월일	
연락처		이메일	
직 업		취 미	
주 소			
메 모			

◆ 섬김 활동

일자	섬김 / 기도내용	반응 / 기도응답

Church Festival

교회 절기

성경과 기독교 역사에서 유래된 크리스천 멘토가 꼭 알아야 할 교회 절기 해설

사순절 The Lent

부활절을 기점으로 역산하여 주일을 뺀 40일간을 주님의 고난과 부활을 묵상하며 경건히 보내고자 하는 절기로서, 예수님의 십자가 죽음에 담긴 사건을 구속사적인 관점에서 살펴보고, 자신의 신앙을 재각성하고자 40일간의 절제 기간을 갖는 것을 말한다.

종려주일 Palm Sunday

고난주간의 첫날, 예루살렘 입성 당시에 메시야로 오시는 예수님을 종려나무 가지를 흔들며 환영하는 것에서 유래되었고, 메시야이시면서도 어린나귀 새끼를 타신 모습에서 만왕의 왕이신 예수님의 겸손과 온유를 묵상하고 본받는 절기이다.

고난주간 Holy passion week

메시야이심을 선포하신 후, 종려주일부터 장사되시고 부활하신 부활절 직전까지로 예수님의 고난의 의미를 깊이 묵상하고, 태초부터 타락한 모든 인간의 구원의 완성을 이루시는 예수님의 전 우주적인 고난에 대한 공의와 사랑을 깊이 깨닫는 기간이다.

부활절 The Easter

고난주간의 금요일에 죽어 장사되신 바 되었다가 3일만인 일요일, 곧 주일날에 스스로 죽음을 이기시고 부활하신 날을 기념하는 기독교 최고의 절기로서, 이 세상의 삶은 일시적인 것이고 반드시 예수님께서 재림하셔서 영원한 천국을 허락하실 것이라는 역사적 비전을 새롭게 확신하며, 구약시대의 안식일(Sabbath)이 예수님을 중심으로 신약시대의 주일(Lord's Day)로 바뀐 날이다.

승천절 The Ascensiontide

예수님의 승천은 예수 그리스도의 구속 사역의 완전성을 보여주는 것으로 부활하신 예수님께서 제자들과 함께 계시다가 40일 후에 하늘로 승천하신 것을 기념하는 날이다. 예수님의 승천은 "보이는 데서" 그리고 "육신으로" 승천하심으로써 모든 믿는 자들을 위해 앞서서 놀라운 길을 열어 놓으신 사건이다.

성령강림절 The Whitsunday

예수님의 승천 후, 마가의 다락방에 모여 있던 제자들에게 약속하셨던 성령이 처음이자 영원히 임재했던 사건을 기념하고, 오순절이라고도 불리며 예수님을 구주로 믿는 사람의 영 속에 하나님께서 성령님을 내주하게 하심으로써 교제와 인도하게 하셔서 전 존재를 새롭게 하는 날이다.

맥추감사절 Feast of Harvest

구약의 3대 절기인 맥추절을 계승한 절기로서, 보리 추수 직후에 거행된 유대인들의 추수감사절이었고, 맥추감사절의 현대적인 의미는 한해의 전반기를 끝내고 후반기를 시작하는 첫 주일에 하나님의 지켜주심과 은혜를 바라는 것이다.

추수감사절 Thanksgiving Day

근대적 기원은 미국의 청교도The Puritan들이 신앙의 자유를 찾아 신대륙으로 이주한 후, 온갖 고난과 수고의 땀을 흘리고 얻은 첫 수확을 하나님께 감사를 드리며 시작되었고, 한 나라에 국한치 않고 하나님께 대한 신앙과 자유의 존엄성, 개척 정신의 고귀함으로 인류 보편적인 가치가 담겨있는 것이다.

대강절 The Advent

예수 그리스도의 탄생을 미리 기대하는 성탄절 전의 4주간을 가리키며, 대림절과 강림절로도 불리는 대강절은 메시야로 오실 예수님의 탄생에 앞서 그분의 오심을 경건한 마음으로 준비하는 기간을 말하며, 사순절과 비교할 때에 밝은 분위기를 가진다.

성탄절 Christmas

세상 모든 사람들의 구원자와 주님이 되시는 예수 그리스도의 탄생을 기념하는 날로서, 하늘에는 영광이요 땅에는 기쁨이 넘치는 날이지만, 그것은 경건하고 신성한 의미의 기쁨이 되어야 하며 결코 세속적이고 감각적인 의미의 기쁨이 되어서는 안 되고, 예수님의 탄생이 갖는 구속사적 환희와 의미의 날이 되도록 성탄절의 본질을 회복하는 참다운 기쁨의 날이 되어야만 한다.

Mentor Book

멘토북

먼저 읽고, 멘티들과 삶을 나누어야 할 크리스천 멘토의 추천도서

「경건과 영성」

십계명(에센셜 3)	피터 레이하트/솔라피데출판사
주기도문(에센셜 2)	웨슬리 힐/솔라피데출판사
사도신경(에센셜 1)	벤 마이어스/솔라피데출판사
예수 그리스도의 피	홍성철/도서출판 세복
거룩한 기도들	피터 버미글리/개혁주의학술원
산다는 것이 황홀하다	다하라 요네코/솔라피데출판사
영혼을 생기나게 하는 영성	디마레스트/설만한물가
눈속에 피는 장미	우즐라 코호/솔라피데출판사
벤 카슨의 싱크빅	벤 카슨/솔라피데출판사
창세기(전3권)	제임스. M. 보이스/솔라피데출판사
로마서(전4권)	제임스. M. 보이스/솔라피데출판사

「기독교 교육과 제자훈련」

솔라피데 성경묵상법(지도자, 학생용)	문원욱/솔라피데출판사
우리와 우리 자손들	박영선/도서출판 세움
기독교의 8가지 핵심진리	홍성철/도서출판 세복
신앙 클리닉(50주 완성)	박영선/도서출판 세움
반더발성경연구(전3권)	코넬리스 반더발/솔라피데출판사

「가정과 자녀교육」

아버지의 목소리	나가이 다카시/솔라피데출판사
신자의 가정생활	박영선/도서출판 세움
고든 맥도날드의 가정 엿보기	고든 맥도날드/비전북스출판사

「어린이와 청소년」

벤 카슨	루이스 부부/비전북출판사
사랑할 수 있을때 힘껏 사랑하세요	정지홍/하늘사다리
데이비드 로빈슨	조니 에릭슨 타다/비전북출판사
콜린 파웰	브라더 앤드류/솔라피데출판사

「리더십과 자기관리」

최고 경영의 신 GOD of CEO	샬롬 김/비전멘토링출판사
영적인 열정을 회복하라	고든 맥도날드/비전북출판사
입술의 열매	노길상/솔라피데출판사
미래는 진정한 리더를 요구한다	존 하가이/비전북출판사
영혼이 성장하는리더	고든 맥도날드/비전북출판사

독서 세계는 이진법만 존재한다! 책 읽는 사람과 책 읽지 않는 사람!

Leaders are Readers

멘토북 나의 독서 계획표

분기별로 읽고 싶은 책을 계획하고, 꼭 읽기를 실천하기!

월	읽고 싶은 책	지은이	읽은 기간	독후 활동		읽은 후 책의 느낌		
				○	×	상	중	하
1~3								
4~6								
7~9								
10~12								

+++ **Event Calendar** +++

멘토링스탠다드(중)
Copyright ⓒ 2025 SolaFideBooks
발행인 : 이원우 | 발행일 2025. 1. 1.
발행처 : 솔라피데출판사 | 등록번호 제10-1452호
주소 : (10881) 경기도 파주시 문발로 123 파주출판문화정보산업단지
전화 : (031) 992 - 8691 | E-mail : vsbook@hanmail.net
공급처 : 솔라피데출판유통 | 전화 : (031) 992 - 8691 | 팩스 : (031) 955 - 4433
❖ 본 다이어리의 내용을 허락없이 무단 전재와 복제를 할 수 없습니다.

밥상공동체 연탄은행
강원도 원주시 일산로 81-2 / Tel : 033-766-3522
연탄은행 : 1577-9044 / www.babsang.or.kr

전국 에너지 취약계층의
따뜻한 겨울을 위한
사랑의 연탄나눔

연탄 한장　　3.65kg
따뜻한 마음　36.5℃

밥상공동체 · 연탄은행과
여러분이 함께 만들어갑니다.

후원계좌
국민 303-01-0511-911
기업 128-057815-01-019
하나 793-910007-18504

The Warmest Yeontan Theology in the World

세상에서
가장 따뜻한
연탄신학 이야기

추위에 떨지 않는 "따뜻한 대한민국 만들기" 위해
설립한 연탄은행의 뜨거운 스토리북!

'연탄신학'은 시대와 역사와 삶의 자리 Sitz im Leben에서 비롯된,
"하나님에 대한 삶의 고백이요, 나눔의 현장이다!"

신국판 / 18,000원 / 홍림커뮤니케이션즈

올트와 함께 동역하주세요

사단법인 올트

여호와를 경외하여 그의 길을
걷는 자마다 복이 있도다
(시편 128:1)

사단법인 올트(Olt)는 초교파 기독교 선교단체로서 사회적 취약계층과 소외계층의 역량을 강화시키고 준비시켜 그들이 그리스도인으로서 하나님께 영광을 돌려 드리기 위해 전인적으로 번성하도록 돕는 사역을 하고 있습니다. 2017년도에 캄보디아 현지에서 올트 선교회로 설립된 후 사역의 규모와 역할이 확장되어감에 따라 선교사역의 지속적인 지경 확장의 토대를 마련하기 위해 한국에서 사단법인 올트(Olt)로 설립하여 사역 중입니다.

복음을 전하고 그리스도인의 전인적 번성을 위해 다양한 긍휼 사역과 개발 프로그램을 매개로 하여 영,혼,육이 소생하고 자립하도록 훈련을 제공하며 지원합니다. 세상적 번성의 의미가 아닌 시편 128편 말씀의 하나님을 경외하는 그리스도인에게 주고자 하시는 '복'인 성경적 의미로의 번성을 지원하고 돕기 위해 캄보디아에서 선교사 자녀(MK: Missionary Kids) 출신의 2대 선교사들이 리더십으로 섬기며 외국인 스탭과 현지인 스탭이 함께 사역하고 있습니다.

올리브 트리 어린이·청소년 도서관
- 신앙도서와 양서 1만여 권 이상 구비된 기독교 어린이·청소년 도서관
- 독서 및 멘토링 프로그램을 통해 복음 씨앗 심기, 성경적 가치관 정립
- 유튜브 영상제작 사역

리빌드 프로그램 (양육 프로그램)
- 기초교육을 받을 수 있는 기회와 멘토링을 제공하는 양육 프로그램
- 약 110명의 어린이 양육 중. 결연 양육 대기 어린이 약 20명
- 전액 후원(월 4만원), 부분 후원(월 1/2/3만원)

펄플라에 프로그램 (열매맺음 직원훈련원)
- 소외계층과 취약계층의 자립을 위한 문해교육과 기술교육 제공
- 취업 연결 프로그램과 직업 창출 프로그램 운영

생계회복 지원 프로그램
- 위기에 처한 가정이 그 가정의 기능을 회복할 수 있도록 지원
- 전액 후원(월 9만원), 부분 후원(월 1~9만원)

MET(멧) 프로그램
- 말씀과 기도, 보건교육과 의료지원을 통해 전인적으로 회복되어 건강한 사회의 구성원이 되도록 돕는 프로그램

그 외 특별 긴급지원 및 특별 프로젝트
- 주 사역 외에 특별 프로젝트들을 통해서 여러 공동체를 섬기며 사역
- 화재로 전소된 집의 가정 긴급 지원 및 건축 지원
- 홍수피해로 무너진 집 건축 지원
- 외면 가운데 있던 요셉이네 집 건축 지원
- 국경 지역 시골 교회의 소형 태양열 전기 시설 설치 지원
- 한부모 가정 건축 지원

후원 문의
국민은행 669101-01-285398
사단법인 올트(Olt)

- 대표전화 070-7954-4535
- 이메일 info@oltkorea.org
- 홈페이지 www.oltkorea.org
- 카카오톡 oltcambodia

푸른나무재단(청소년폭력예방재단)은 1995년 학교폭력 피해로 아들을 잃은 아버지가 우리나라 최초로 **학교폭력의 심각성**을 시민사회에 알리고, 학교폭력 예방과 치료를 위한 활동을 목적으로 설립되어 UN경제사회이사회에서 특별협의지위를 부여받은 국내 유일 청소년 NGO입니다.

청소년의 곁에는 늘 푸른나무가 있습니다.

대표번호 02-585-0098   전국학교폭력상담전화 1588-9128   후원전화 060-700-1479
푸른나무재단 본부 서울시 서초구 서초대로 46길 88, 청예단 빌딩 1~5F   홈페이지 www.btf.or.kr

상담치유
청소년의 아픔을 극복하고 성장할 수 있도록 상처를 치유합니다.

- 심리상담
- 긴급출동 및 통합지원
- 관계회복을 위한 화해분쟁조정
- 학교폭력 피해학생 전담지원센터
- 학교폭력 가해학생 수강명령교육
- 장학지원

예방교육
청소년이 행복하게 살아가는데 필요한 교육을 합니다.

- 학교폭력 예방교육
- 사이버폭력 예방교육
- 인성교육
- 진로교육
- 전문가양성

사회변화
청소년이 행복한 세상을 만들기 위해 사회의 변화를 촉구합니다.

- 연구활동
- 정책제안
- 민관협력
- 국제활동
- 캠페인

외면하지 말고,
손 내밀어주세요.

학교폭력을 막고 청소년들을 보호하는
푸른나무재단의 다양한 활동에 함께 해주세요.

소중한 후원금,
어떻게 사용될까요?

푸른나무재단은 후원금의 투명한 사용으로 제5회
삼일투명경영대상을 수상하였습니다.

#청소년을 위해
후원하기

후원안내QR

#비폭력지지 서명

서명하기QR

#푸른약속 캠페인

캠페인안내QR

도움이 필요한 청소년에게
전문적인 상담을 제공합니다.

경제적인 어려움으로 학교폭력 피해
이후 적절한 치료를 받지 못하는
청소년들의 치료비로 사용됩니다.

학교폭력 이후 치료와 회복을 위해
학교를 쉬거나 자퇴한 청소년들에게
학습의 기회를 제공합니다.

경제적인 어려움을 겪고 있는 취약계층
청소년들의 건강한 성장을 위해
생활비를 지원합니다.

학교폭력의 방관자가 아닌
적극적인 예방자로 성장하도록
청소년들을 교육합니다.

학교폭력에 신속히 대응할 수 있도록
부모와 선생님에게
전문적인 교육을 제공합니다.

학교폭력예방에 대한
시민사회의 관심과 참여를 유도하는
캠페인을 진행합니다.

학교폭력에 대한 연구를 통해
청소년을 보호할 다양한 방법을
모색합니다.

한국교회 최초, 전도학 박사!

저자 홍성철은 고려대학교에서 영문학을 공부한 후에 중고등학교에서 영어교사였을 때, 하나님의 부르심을 받았다. 35세의 나이에 신학의 길에 접어든 후, 서울신학대학교에서 신학석사, 미국 애즈베리신학교에서 종교학석사와 신학석사, 미국 보스턴대학교에서 신학박사 학위를 받고 사역의 터전을 닦았다. 세계적인 전도학자로 잘 알려진 로버트 콜만(Robert E. Coleman)의 제자로, 한국 신학계에서 최초의 전임 전도학 교수가 되었고, "전도학"을 소개한 1세대 전도학자이면서 세계적으로도 알려진 전도학자이다. 그는 태국에 파송된 선교사, 세 교회를 개척한 목회자, 서울신학대학교 교수와 애즈베리신학교의 전도학 석좌교수 등으로 사역하였고, 현재도 "세계복음화문제연구소" 소장으로 국내외 강의와 저술 활동을 계속 하고 있다. 전도와 선교, 목회와 후학 양성뿐만 아니라 신학자로서 꾸준한 저술 활동을 통하여 전도학의 이론과 실제를 독자들에게 풍성히 제시해준다. 한글 저술 31권, 영어 저술 6권, 편저 7권, 영어 서적을 번역하여 출판된 책 30권, 도합 74권이 출간되었다.

Homepage: www.saebok.kr E-mail: werchelper@daum.net

골로새서와 함께

골로새서 각 장마다 독특한 주제를 뽑아서, 이해하기 힘든 문제들을 쉽게 풀어낸 책!

본서의 강점은 장마다 본문의 내용을 7개의 대주제와 4개의 소주제로 나누어, 쉽게 접할 수 있게 구성했기 때문에 골로새서를 읽는 모든 독자들에게 도움과 유익을 준다. 특히, 마가, 누가, 바울이 로마에 함께 있었기에 복음서를 기술할 때, 서로 깊은 영향을 주었을 것이라는 저자의 진단은 탁월하다!

홍성철 / 신국판 / 19,000원

최신간

「구원을 위한 성령의 역할」
모든 성도에게 구원을 위한 성령의 역사에 대한 귀중한 길잡이가 되는 책!

「예수 그리스도의 피」
십자가의 구원과 복음의 핵심을 전하는 책!

「전도학 개론」
웅장한 숲을 감상하는 것과 같이, "전도"의 모든 것을 한꺼번에 소개하는 책!

「나의 주님 나의 인생」
한국교회 최초, 전도학 박사의 사도행전 29장에 포함될 평생 전도자의 인생을 기록한 책!

「로마서에서 제시된 구원과 성화」
「화목제물」
「거룩한 삶, 사랑의 삶」(요한일서 강해)
「다니엘의 역설적인 인생」(다니엘서)
「진흙 속에서 피어난 백합화」(룻기)
「성령으로 난 사람」(요한복음 3장 1-16절)

「회개하라! 천국이 가까이 왔느니라」(마태복음 3-4장)
「성령의 시대로! 오순절 × 복음 × 교제」
(사도행전 2장 강해)
「유대인의 절기와 예수 그리스도」 레위기 23장을 중심으로」
「이렇게 예수 그리스도의 제자가 되자」
「절하며 경배하세」

「주님의 지상명령 성경적 의미와 적용」
「하나님의 사람들」(마태복음 1장 1절)
「현대인을 위한 복음전도의 성경적 모델」
「더 북」
「기독교 신앙에 대한 질의응답 50」

전국기독교서점과 온라인서점과 종합문고에서 구입할 수 있습니다. 도서문의 및 구입안내 : 031-992-8691   도서출판 **세 복**

시리즈 5 하나님의 말씀

어떻게 하면 성경을 제대로 읽을 수 있는가?
성부, 성자, 성령께서 성도들에게 한목소리로 들려주시는 말씀,
곧 성경이 "신앙의 중심축"이라는 것을 분명하게 보여준다!

"모든 그리스도인에게 성경을 총체적으로 이해하도록 돕는 훌륭한 입문서!"
레이첼 조이 웰처 『순결 문화를 다시 말하라』의 저자

"예수님께서 말씀으로 베푸시는 풍성한 잔치에 우리를 초대하는 유쾌한 초대장!"
타일러 윗트만 뉴올리언스침례신학교

존 클레이닉 지음 / 김용균 옮김 / 46판 / 양장본 / 12,000원

시리즈 4 세 례

세례에 대한 신선하고 정교한 연구를 통해서 예수 그리스도 안에서 연합
되고, 성령 안에서 교회에 부어지는 기름부음의 역사를 이루어지게 한다!

"예수님의 가족이 된, 하나님의 백성을 위한 세례에 대한 지혜의 책!"
티모시 조지 샘퍼드대학교/비손신학대학원

"오랫동안 논쟁의 여지가 있었던 주제에 대해 깊고 유익한 생각을 기록한 책!"
마이클 헤이킨 남침례교신학교

피터 레이하트 지음 / 김용균 옮김 / 46판 / 양장본 / 12,000원

시리즈 3 십계명

십계명은 우리에게 너무나 친숙하여 그 내용이 실제로 무엇을 의미하는지
생각하지 않는다. 그것들은 수천년 동안 역사적으로 크리스천들에
의해서 예배, 고백, 기도, 심지어는 민법의 기초로 사용되었다!

"보석 같은 책으로 십계명에 대한 최고의 입문서!"
케빈 벤후저 트리니티신학교

"예수님을 십계명의 마음과 영혼으로 바라보는 치료법!"
한스 보어스마 나쇼타하우스신학교

피터 레이하트 지음 / 김용균 옮김 / 46판 / 양장본 / 12,000원

시리즈 2 주기도문

예수님의 마음을 담은 한 폭의 자화상인 "주기도문"은 2천년 동안, 시대,
지역, 문화를 초월하여, 크리스천들을 영원한 진리로 하나되게 한다!

"독자의 삶을 헤아릴 수 없을 정도로 풍요롭게 할 책!"
플레밍 러틀리지 설교자의 교사

"예수님의 기도자로서의 삶을 배우는 책!"
매튜 레버링 먼델라인신학교

웨슬리 힐 지음 / 김용균 옮김 / 46판 / 양장본 / 12,000원

시리즈 1 사도신경

성경교리의 축소판인 "사도신경"은 2천년 동안, 시대, 지역,
문화를 초월하여, 성도들을 영원한 진리로 연합하게 한다!

"시간을 뛰어넘어 지속적인 통찰을 주는 고전에 담긴 놀라운 지혜의 책!"
제임스 스미스 칼빈신학교

"삼위일체 하나님과 구원에 대한 핵심진리를 담은 공동체적인 고백의 책!"
그레그 앨리슨 남침례신학교

벤 마이어스 지음 / 김용균 옮김 / 46판 / 양장본 / 12,000원

크리스천 에센셜 시리즈
CHRISTIAN ESSENTIALS

『크리스천 에센셜』 시리즈는
기독교의 중요한 전통을 전달하고자 한다.
초대교회는 사도신경, 주기도문, 십계명, 세례,
하나님의 말씀, 성찬, 그리고 공예배와 같은 기본적인
성경적 가르침과 실천을 바탕으로 세워졌다.
이러한 기독교의 기초 전통들은 사도시대부터
현 시대에 이르기까지 바른 신앙의 모든 세대를
아우르며, 지탱하고, 든든히 세워 왔다.
『크리스천 에센셜』 시리즈에서 계속 선보이는 책들은
우리 "신앙의 본질"에 대한 의미를 풍성히 묵상하게 한다.

시리즈 1　**사도신경** 초대교회 교리문답 가이드
시리즈 2　**주기도문** 우리 아버지께 드리는 기도 가이드
시리즈 3　**십 계 명** 완벽한 자유의 법을 위한 가이드
시리즈 4　**세　　례** 죽음으로부터의 삶을 위한 가이드
시리즈 5　**하나님의 말씀** (2024년 10월 발행 예정)

전국기독교서점과 온라인서점과 종합문고에서 구입할 수 있습니다.　도서문의 및 구입안내 : 031-992-8691

세계적인 탁월한 강해설교가
독자의 눈높이에서 문사철(文史哲)을 아우르는
개혁신앙의 출중한 설교자

"창세기"는 "은혜"입니다!

창세기에는 우리가 살아가는 사람 이야기가 있고,
인생 드라마가 있으며, 삶의 스토리가 있습니다!

창조와 타락 (1권/창 1-11장)
인간의 구속 이야기가 창조와 타락 이야기를 떠나서는
얼마나 의미가 없는지를 잘 보여준다.

새로운 시작 (2권/창 12-36장)
하나님이 완전치 못한 한 사람으로 시작하는 역사의
진로를 어떻게 바꾸셨는지 여실히 보여준다.

믿음의 삶 (3권/창 37-50장)
"전천후 사나이" 요셉보다 더 시종일관, 또 철저하게
하나님을 위해 살았던 사람은 아무도 없다.

(낱권) 신국판 / 반양장 / 각권 25,000원
(전집) 신국판 / 반양장 / 케이스 / 75,000원

"로마서"는 모든 성경 중에서
"온전한 복음"을 가장 훌륭하게 기록한 책!

믿음으로 의롭다 함 (1권/롬 1-4장)
오직 믿음으로만 의롭다 함을 얻는 구원을 선포한다.

은혜의 통치 (2권/롬 5~8장)
오직 은혜로만 얻는 새 생명을 선포한다.

하나님과 역사 (3권/롬 9~11장)
하나님은 당신의 약속과 경고를 기억하신다.

새로운 인간성 (4권/롬 12~16장)
구원에 근거한 인생과 삶의 변화를 선포한다.

(낱권) 신국판 / 반양장 / 각권 25,000원
(전집) 신국판 / 양장 / 케이스 / 120,000원

제임스 몽고메리 보이스 James Montgomery Boice

세계적인 복음적 개혁주의 신앙의 저명한 강해설교가로서 문학, 역사, 철학을 아우르며, 성경을 독자의 눈높이에서 통찰하게 해주는 최고의 정통 개혁주의 강해설교가로 불리웠다. 또한 "바이블 스터디 아워"라는 복음 방송의 강해설교와 많은 저술 활동으로 전세계에 많은 영향력을 끼치며, 개혁신앙을 사수하고 변호하는 사역에 일평생을 바쳤다.

요한복음강해

Steady Seller since 1986

신국판 / 반양장 / 각권 18,000원

요한복음(1권)	요 1-4장	세상에 오신 예수 그리스도
요한복음(2권)	요 5-8장	예수님을 대적하는 종교 지도자들
요한복음(3권)	요 9-12장	자기 사람들을 가르치시는 예수님
요한복음(4권)	요 13-17장	예수님의 마지막 강론
요한복음(5권)	요 18-21장	예수 그리스도의 지상 생애의 절정

여호수아
우리는 주님만 섬기리라

여호수아와 갈렙의 "신앙 여정"의 책! 신앙 역사의 연속성을 강조하는 기록으로, "교량 역할"을 하는 귀하고 탁월한 책!

(여호수아 1-24장) 신국판 / 10,000원

에베소서
그리스도의 몸된 교회

하나님이 택하셔서 은혜로 세워진, 성경적 교회와 그리스도인의 온전한 삶을 기록한 책!

(에베소서 1-6장) 신국판 / 22,000원

전국기독교서점과 온라인서점과 종합문고에서 구입할 수 있습니다. 도서문의 및 구입안내 : 031-992-8691

개혁주의 신학과 신앙 총서 (현재 16종)

"개혁주의학술원"에서 2024년에도 계속 발행 중!

NEW

1 칼빈과 교회
2 칼빈과 성경
3 칼빈과 사회
4 칼빈과 영성
5 칼빈과 예배
6 칼빈과 종교개혁가들
7 칼빈이후의개혁신학자들
8 칼빈/유럽/종교개혁가들
9 칼빈/영국/종교개혁가들
10 칼빈/영국/개혁신학자들
11 종교개혁과 교육
12 종교개혁과 하나님
13 종교개혁과 그리스도
14 종교개혁과 성령
15 종교개혁과 인간
16 종교개혁과 칭의

평생을 성경 연구와 저술로
삶을 산 개혁신앙가

구속사적 관점으로 66권을 한 눈에…

코넬리스 반더발 Cornelis Vanderwaal

네덜란드 태생의 목사로서 개혁파 교회에서 사역하였고, 성경 주석 및 교회사 등에 관한 많은 책을 저술하여 성경 연구와 기독교 사상과 개혁신앙의 발전에 크게 기여하였다.

한국기독교 출판문화상

반더발 성경연구

1권 (구약 I)
모세오경에서 역사서까지
(창세기 - 에스더)

2권 (구약 II)
시가서에서 선지서까지
(욥기 - 말라기)

3권 (신약)
복음서에서 예언서까지
(마태복음 - 요한계시록)

코넬리스 반더발 지음 / 반양장 / 신국판 / 각권 20,000원

* 신·구약 성경 전66권을 훌륭하게 개관, 해설한 책!
* 성경신학(구속사)적 관점에서 본ㅡ 성경을 객관적으로 제시!
* 한국교회의 문제는 변화와 개혁!
"하나님의 말씀"으로 돌아가는 길뿐이다!

강력추천
김의원 박사(총신대학교 전 총장)
박형용 박사(합동신학대학원대학교 전 총장)

전국기독교서점과 온라인서점과 종합문고에서 구입할 수 있습니다. 도서문의 및 구입안내 : 031-992-8691

신구약 성경 1회 필사 분량
바인더 3부 / 속지 10~12부 소요

5 Loaves & 2 Fish Transcribe Bible

오직! 유일한! **바인더식 필사성경노트**

오병이어 필사성경

친환경 / 무독성 고급 표지 · 3공 D링

since 1992

신앙생활의 필수품!
성경을 읽고, 묵상하고, **필사하자!**

❶ 누구나 성경을 필사할 수 있다.
❷ 모든 성경과 찬송가를 쓸 수 있다.
❸ 성경 쓰기가 편리하다.
❹ 순서에 구애 받지 않는다.
❺ 잘못 쓴 부분의 수정이 쉽다.
❻ 휴대가 편리하다.
❼ 고급 바인더로 보관과 영구 제본 **가보성경**이 가능하다.
❽ 속지는 필요한 만큼, 필요한 때에 구입이 가능하다.

3공 D링   안전 모서리

1단으로 성경 필사하기!

- 오병이어필사성경 뉴바인더 **[자주색 1단]**
- 오병이어필사성경 뉴바인더 **[청색 1단]**
- 오병이어필사성경 속지   **[1단]**

2단으로 성경 필사하기!

- 오병이어필사성경 뉴바인더 **[자주색 2단]**
- 오병이어필사성경 뉴바인더 **[청색 2단]**
- 오병이어필사성경 속지   **[2단]**

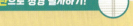

• 뉴바인더 : 국배판 / 각권 22,000원   • 속지 : 국배판 / 각권 5,000원

전국기독교서점과 온라인서점과 종합문고에서 구입할 수 있습니다. 도서문의 및 구입안내 : 031-992-8691

세계관의 틀과 **문화**를 도구로
다음세대를 세우는 스토리가 있는 **토론식공과!**

포스트모던시대를 살아갈 힘을 주는 *성경적 세계관 세우기!*
새로운 주일학교 교재 시리즈

◈ **다른세대가 아닌 다음세대 양육**

자기 생각에 옳은 대로 하는 포스트모던적인 사고의 틀을 벗어나, 하나님의 말씀에 기초해서 생각하고 행동하는 성경적 세계관(창조, 타락, 구속)의 틀로 시대를 읽고 살아가는 "믿음의 다음세대"를 세울 구체적인 지침서!

◈ **가정에서 실질적인 쉐마 교육 가능**

각 부서별(유년, 초등, 중등, 고등)의 눈높이에 맞게 집필하면서 모든 부서가 "동일한 주제의 다른 본문"으로 공부하도록 함으로써, 가정에서 부모와 자녀가 함께 성경에 대한 유대인들의 학습법인 하브루타식의 토론이 가능!

◈ **원하는 주제에 따라서 권별로 주제별 성경공부 가능**

성경말씀, 조직신학, 예수님의 생애, 제자도 등등

◈ **3년 교육 주기로 성경과 교리에 대한 기본적인 이해가 가능하도록 구성 (삶이 있는 신앙)**

- 1년차 : 성경말씀의 관점으로 본 창조/타락/구속
- 2년차 : 구속사의 관점으로 본 창조/타락/구속
- 3년차 : 하나님 나라의 관점으로 본 창조/타락/구속

"토론식 공과는 교사용과 학생용이 동일합니다!"
(교사 자료는 "삶이있는신앙" 사이트에 있습니다)

※ 3년차 3/4분기 교재 4종은 2024년 6월 발행 예정!

하나님의 말씀으로, 성경적 세계관을 세우는 토론식 공과(12년간 커리큘럼) 전24종!

유년부(초1~3년) 1·2·3년차
1·2분기 / 3·4분기 각권 5,000원

중등부(중1~3년) 1·2·3년차
1·2분기 / 3·4분기 각권 5,000원

초등부(초4~6년) 1·2·3년차
1·2분기 / 3·4분기 각권 5,000원

고등부(고1~3년) 1·2·3년차
1·2분기 / 3·4분기 각권 5,000원

추천합니다!

"본 공과 교재는 한편으로는 형식적인 신앙생활을 하고, 다른 한편으로는 가치관의 혼란 속에서 방황하는 이 땅의 어린 영혼들을 일깨울, 세계관 이론을 아이들의 삶에 구체적으로 적용한 대표적인 **기독교 세계관적 성경공부 교재**이다."

고신대학교 전 총장 **전광식**

"우리의 자녀들과 한국교회의 다음세대들을 **성경적 세계관으로, 신앙과 삶의 일치를 추구하는 믿음의 다음세대**로 세우는 데 있어서 탁월한 토론식공과이다."

성산교회 담임목사 **이재섭**

"이 공과에는 다음세대를 하나님의 말씀으로 인도하려는 열정이 가득하고, 성경의 기본진리를 학생들에게 친근하게 전달하기 위해 주입식이 아닌 토론식을 택한 점이 탁월하다. 이 공과를 통해 **다음세대가 하나님 말씀의 진리에 풍성히 거할 수 있게 될 것을 확신**한다."

총신대학교 교수 **신국원**

"본 공과는 성경의 진리를 세계관의 틀을 가지고 아이들이 흥미를 가질 수 있도록 문화적으로 접근한, 오늘날 **한국교회 주일학교 상황에 꼭 필요한 교재**이다."

브리지임팩트사역원 대표 **홍민기목사**

전국기독교서점과 온라인서점과 종합문고에서 구입할 수 있습니다. 도서문의 및 구입안내 : 031-992-8691

"삶이 있는 신앙"을 위한 추천도서

산다는 것이 황홀하다
눈물겨운 이야기, 진주같은 책!

"감동실화!"
사랑과 기적,
감동의 생명찬가
한반도와 일본열도를
살린 생명 스토리!

다하라 요네코 지음 / 9,000원 / 솔라피데출판사

가상칠언
십자가 상에서 외치신 7가지 말씀!

예수님은 십자가에서
무엇을 말씀하셨는가?
그 의미와 적용!

아더 핑크 / 8,000원 / 도서출판 세복

창조만화 1, 2
김명현 박사가 들려주는 쉽고 재밌는
창조과학 이야기!

김명현 / 각 15,000원 / 도서출판 성경과학

아버지의 목소리
절망이 피워낸 희망!!

"시대와 문화와 국경을
초월한 아버지의 목소리!"

원자폭탄의 피해자인
절망 속의 아버지가
홀로 남게 될 자녀에게
보내는 희망 메시지!

나가이 다카시 지음 / 값 10,000원 / 솔라피데출판사

최고 경영의 신 GOD of CEO
"창세기 1장"에 담긴 창조·경영의 비밀!

이제 창조는
혼돈스럽지 않고,
경영은 비밀스럽지 않다.

샬롬 김 / 18,000원 / 비전멘토링출판사

입술의 열매
약이 되는 말! 독이 되는 말!

말 한마디로
죽고 사는 세상에서
생명의 입술로
세상을 살려보자!

다하라 요네코 지음 / 9,000원 / 솔라피데출판사

전국기독교서점과 온라인서점과 종합문고에서 구입할 수 있습니다. 도서문의 및 구입안내 : 031-992-8691

교회의 가장 달콤한 노래 시편
멜란히톤의 시편 주석의 주해와 신학!

하나님의 말씀으로서
시편에 대한 사랑이
더 깊어지고
더 증대되기를
간절히 바라며
발간한 책!

류성민 / 15,000원 / 개혁주의학술원

벤 카슨의 싱크빅
꿈·비전·지혜에 대한 탁월한 메시지

"크게 생각하라!"
세계 최초로
샴쌍둥이의 분리수술을
성공시키다!
벤 카슨 박사의
진정한 성공 스토리!

벤 카슨 / 12,000원 / 솔라피데출판사

우리와 우리 자손들
하나님의 관점으로 생각하라!

21세기를 살아가는
청년과 젊은 세대들이
"포스트코로나시대"에도
인생과 삶을 담아내도록
하는 진리에 충실한 책!

박영선 / 10,000원 / 도서출판 세움

칼빈의 성령론
독일 칼빈 연구가의 저술!

방대한 원문들을
연구하여 칼빈의
성령론을 집대성한
고전!

베르너 크루쉐 / 28,000원 / 개혁주의학술원

글 없는 책(대, 소)
남녀노소 쉽게, 예수님의 피 묻은 복음을 선명하게 전하는 책!

각권마다
글 없는 책의
사용설명서가
있습니다!

(대-10부) 16,000원 / (소-20부) 12,000원

눈 속에 피는 장미
국내 최초! 카타리나 폰 보라의 삶!

세계를 뒤흔든 종교개혁가
마르틴 루터의 부인!
개신교 최초! 사모였던
카타리나 루터의
신앙과 삶과 사랑!

우즐라 코흐 / 12,000원 / 솔라피데출판사

전국기독교서점과 온라인서점과 종합문고에서 구입할 수 있습니다. 도서문의 및 구입안내 : 031-992-8691

도서관 나들이 — 지혜의 숲

북두칠성도서관
책이 사람을 만나 빛이 되고 길이 되는 공간! 북두칠성도서관에는 별자리 모양을 모티브로 설계된 일곱 개의 원형 서가와 계단 형태의 서가가 있는 책오름 광장이 있습니다.

아차산숲속도서관
공간 자체가 힐링! 2022년에 개관한 아차산 숲속도서관은 내외관이 관리가 잘되어 있으며, 자연과 함께 책을 볼 수 있다는 장점을 가지고 있는 도서관입니다.

남사도서관
소통하고 공감하며 책과 함께 성장! 지혜와 지식이 집약된 스마트 정보 도서관 구축하여 특화된 전문 도서관 운영하여 시민의 행복과 지역의 가치를 높이고 있습니다.

파주출판도시 지혜의 숲
나무가 책이 되고, 책이 지혜가 되는 곳! 가치 있는 책을 한데 모아 보존 보호하고 관리하며 함께 보는 공동의 서재이며, 출판도시문화재단이 후원을 받아 자체 재원으로 운영하고 있는 복합문화공간입니다.

충남도서관
소통과 참여의 꿈이 있는 문화공간! 지식과 정보의 중심이 되는 역할을 수행하고자 주민의 여가활용 공간을 제공하며, 주민이 능동적으로 참여할 수 있는 문화 프로그램을 운영합니다.

정약용도서관
미래로 통하는 문! 규모와 시설의 만족도가 높은 도서관입니다. 특히 나 유아자료실이 잘 되어있고 편안한 분위기에 아이들도 거부감 없이 오기 좋은 장소입니다.

배봉산근린공원숲속도서관
책, 커피, 만남이 있는 곳! 2020 대한민국 공공건축상을 탄 마을 도서관입니다. 기획 초기 단계부터 숲을 바라보는 것을 최우선으로 생각했기 때문에 경치를 구경하기 좋은 공간입니다.

MY BUCKET LIST

+

여호와의 인자하심과 인생에게 행하신 기적으로 말미암아 그를 찬송할지로다
그가 사모하는 영혼에게 만족을 주시며 주린 영혼에게 좋은 것으로 채워주심이로다

시편 107:8~9

Let them give thanks to the LORD for his unfailing love and his wonderful deeds for men,
for he satisfies the thirsty and fills the hungry with good things.

Psalms 107:8~9

#		#	
1		26	
2		27	
3		28	
4		29	
5		30	
6		31	
7		32	
8		33	
9		34	
10		35	
11		36	
12		37	
13		38	
14		39	
15		40	
16		41	
17		42	
18		43	
19		44	
20		45	
21		46	
22		47	
23		48	
24		49	
25		50	

Personal Note

개인 Personal
- 이 름
- 주 소
- 전 화
- 핸드폰
- E-mail
- SNS

교회 Church
- 이 름
- 주 소
- 전 화
- 홈페이지

회사 Company
- 이 름
- 주 소
- 전 화
- 홈페이지

MENTORING standard